Das Osmanische Reich

Ein fesselnder Führer zu einer der mächtigsten und langlebigsten Dynastien der Weltgeschichte

Inhaltsverzeichnis

Einführung

Das Osmanische Reich ist zweifellos eines der interessantesten politischen Gebilde, die in der Weltgeschichte entstanden sind. Die Osmanen, die in Anatolien, einem Gebiet, in dem verschiedene Königreiche und Kulturen jahrhundertelang um die Vorherrschaft gekämpft hatten, aus der Asche stiegen, schafften es schnell, ihre unmittelbaren Nachbarn zu unterwerfen und ihr Reich so weit auszudehnen, dass es einen Großteil des heutigen Balkans, der nordafrikanischen Küste, des Nahen Ostens und Arabiens umfasste. Auf dem Höhepunkt seines Bestehens hatte das Osmanische Reich immense Macht über seine Untertanen und war für sein hervorragendes Militär, seine starke Wirtschaft und sein effektives politisches System gefürchtet, das das Reich über sechs Jahrhunderte bestehen ließ. Die Entwicklung der Osmanen von einem kleinen Fürstentum im 13. Jahrhundert zu einem gewaltigen europäischen Imperium im 16. Jahrhundert ist für Historiker ein faszinierendes Phänomen. Und natürlich ist es auch ein interessantes Thema für neugierige Leser aller Altersgruppen und Interessen.

Doch wie genau gelang es den Osmanen, so mächtig zu werden? Welche Faktoren führten zu ihren schnellen Eroberungen, und wie sah das Reich auf dem Höhepunkt seiner Macht aus? Und was war die Ursache für seinen langsamen und schmerzhaften Niedergang und seine letztendliche Auflösung nach dem Ersten Weltkrieg? Das sind die Fragen, die dieses Buch zu beantworten versucht. Wir werden die Geschichte des Osmanischen Reiches erforschen, angefangen von seinen im Dunkel liegenden Wurzeln auf der anatolischen Halbinsel bis hin zu seinem Zusammenbruch im 20. Jahrhundert.

Die ersten Kapitel des Buches befassen sich mit der Ankunft der türkischen Nomadenvölker in Anatolien und ihrem Aufstieg zur Macht in einem Konkurrenzkampf mit dem mächtigen Byzanz. Hier befassen wir uns kurz mit wichtigen Ereignissen wie der Schlacht von Manzikert und schließen mit den erfolgreichen Eroberungen der Seldschuken und der Gründung des Sultanats von Rum, das sich schnell zu einem bedrohlichen Rivalen des Byzantinischen Reiches entwickelte. Das Sultanat schwächte nicht nur die Byzantiner erheblich und störte das Machtgleichgewicht in der Region, sondern diente auch als eine Art Vorläufer des Osmanischen Reiches, das aus den Überresten des Sultanats entstand.

Der mittlere Teil des Buches befasst sich mit der Entwicklung der Osmanen von einem einzelnen Fürstentum zum mächtigsten Akteur in ganz Anatolien. Hier werden einige der wichtigsten Persönlichkeiten beleuchtet, die dazu beitrugen, die Osmanen als dominanten Akteur in der regionalen Politik zu etablieren und dank kontinuierlicher Siege zu verschiedenen Eroberungen gegen das Byzantinische Reich beizutragen, das zu diesem Zeitpunkt seine letzten Tage zählte. Im 15. Jahrhundert hatte die exponentielle Expansion des Osmanischen Reiches die vollständige Vernichtung der Byzantiner zur Folge, die schließlich mit dem Fall von Konstantinopel im Jahr 1453 unterworfen wurden – eines der bedeutendsten Ereignisse der Weltgeschichte. Allen Widrigkeiten zum Trotz gelang es den Osmanen, ein altes Reich zu besiegen und zu einer echten Macht zu werden, mit der man rechnen musste. Das Osmanische Reich nahm sogar den Titel eines Kalifats an – des mächtigsten islamischen Staates der Welt – und erstreckte sich über ein riesiges Gebiet, das große Teile von drei Kontinenten umfasste.

Auf diese großartigen Errungenschaften folgte jedoch eine kleine Periode der Stagnation und der Reformen, in der sich die Osmanen mit vielen der administrativen Probleme auseinandersetzen mussten, die mit der Herrschaft über ein großes und vielfältiges Reich verbunden waren. Anstatt sich auf eine Expansion nach außen zu verlassen, versuchten die Osmanen, ihre Macht im Inneren zu konsolidieren.

Die abschließenden Kapitel des Buches befassen sich mit dem allmählichen Niedergang des Osmanischen Reiches vom späten 18. Jahrhundert bis zum Ersten Weltkrieg und seinem letztendlichen Zusammenbruch nach dem Vertrag von Versailles. In diesen Kapiteln werden die gesellschaftspolitischen Entwicklungen näher beleuchtet, die es dem Reich im Gegensatz zu den meisten europäischen Staaten erschwerten, die für eine Modernisierung notwendigen Fortschritte zu erzielen. Die Welle des liberalen Nationalismus, die nach der Französischen Revolution einsetzte und Europa überrollte, erwies sich für die Osmanen als zu schwer zu bewältigen. Da das Reich Menschen mit vielen verschiedenen ethnischen, religiösen und nationalen Hintergründen umfasste, musste es entweder seine feste Kontrolle über seine Untertanen aufgeben oder stattdessen seinen Griff festigen und mit eiserner Faust regieren.

Letztendlich war das Osmanische Reich ein Opfer des entscheidenden revolutionären 19. Jahrhunderts, einer Zeit, in der viele andere Reiche ihren raschen Untergang einleiteten, weil sie nicht mit ihren Konkurrenten mithalten konnten. Das Buch schließt mit den Auswirkungen des Ersten Weltkriegs und der Gründung der Republik Türkei, dem wichtigsten Nachfolgestaat des Osmanischen Reiches.

Kapitel Eins – Die Ankunft der Türken in Anatolien

Dieses Einführungskapitel befasst sich mit der Migration der Vorfahren des Osmanischen Reiches auf die anatolische Halbinsel zwischen dem 8. und 10. Jahrhundert und der Gründung der ersten türkischen Staaten, die das Byzantinische Reich herausforderten. Die Ankunft der Türken in Anatolien war eine der wichtigsten demografischen Veränderungen des Mittelalters und hatte Auswirkungen, die die Welt für viele Jahrhunderte beeinflussten. Um die frühe Geschichte des Osmanischen Reiches besser zu verstehen, ist es daher unerlässlich, eine Vorstellung davon zu haben, was in der Region vor der Machtübernahme durch die Osmanen geschah.

Erste Anzeichen der Türkisierung

In den byzantinischen Chroniken des 14. Jahrhunderts wurde erstmals der Begriff „Türkisierung" verwendet, der den Prozess des „Türkischwerdens" beschreibt. Zu diesem Zeitpunkt war der Einfluss der Turkvölker auf das Byzantinische Reich und das übrige Kleinasien bereits klar. Doch wer genau sind die Turkvölker, und wie kamen sie nach Anatolien, wo sie den Grundstein für das Osmanische Reich legten?

Die genaue Herkunft der Türken ist, wie bei vielen anderen Völkern Zentral- und Nordostasiens, unbekannt. Historiker und Anthropologen vermuten, dass die Turkvölker irgendwo östlich des Kaspischen Meeres in dem als Transkaspische Steppe bekannten Gebiet lebten. Man nimmt an, dass sie mit den hunnischen Stämmen verwandt sind, die ab dem 4. Jahrhundert nach Westen wanderten und schließlich Europa erreichten. Die Ähnlichkeiten zwischen den Türken und den Hunnen sind unübersehbar und reichen von ihrem Aussehen bis zu den gesprochenen Sprachen, sind aber vielleicht am deutlichsten, wenn es um die Strukturen ihrer Gesellschaften geht. Die Völker Zentral- und Nordostasiens lebten als Nomaden, deren Lebensweise sich stark auf Pferde stützte, die ständig in Bewegung waren und die Landwirtschaft erst später als andere Zivilisationen übernahmen. Sie waren in streng hierarchischen Gesellschaften organisiert, wurden schnell zu Meistern des Reiterkriegs und beherrschten die Nachbarländer, indem sie alles plünderten und brandschatzten, was sich ihnen in den Weg stellte.

Die Türken wanderten in verschiedenen Wellen aus der transkaspischen Steppe aus und erreichten nicht nur den Nahen Osten und schließlich Anatolien, sondern ließen sich auch nördlich des Kaukasus auf den offenen Feldern des heutigen Zentralrusslands nieder. Man nimmt an, dass die Knappheit der Weiden und die starke Konkurrenz zwischen den lokalen Stämmen sie dazu veranlasste, in Massen nach Westen zu ziehen. Nachdem sie in den Iran geströmt waren, besiegte eine starke Konföderation aus Seldschuken und Oghusen den lokalen Widerstand, auf den sie stießen, und begann mit der Türkisierung der iranischen Bevölkerung, die sich nicht nur auf die Eroberung von Gebieten beschränkte. Die Türken machten Tausende von Menschen mit ihrer Kultur, ihren Bräuchen, Traditionen und ihrer Sprache vertraut und wurden bis zum Jahr 1040 zu einer ernstzunehmenden Macht im Nordosten des Iran.

Unter der Führung von Tughrul-Beg (auch: Toghril) gelang es den seldschukischen Türken dank ihrer militärischen Überlegenheit schnell, die iranische Bevölkerung zu überwältigen und die Menschen in der Region Chorasan, der östlichen Hochebene im Iran, die als Tor zwischen West- und Zentralasien diente, zu unterjochen. Die Seldschuken verlangten von den eroberten Völkern Tribut und kontrollierten die Handelswege, die durch die Region verliefen. Sie expandierten allmählich und erreichten schließlich 1055 die Stadt Bagdad, wo sie die Araber des Abbasiden-Kalifats besiegten und zum Islam konvertierten. Als neuer Sultan schwor Tughrul-Beg, sein Leben der Erlangung von Ruhm im Namen des Islam zu widmen, und setzte sich für die Verteidigung und Verbreitung des sunnitischen islamischen Glaubens ein.

Das Seldschukenreich

Die Seldschuken lösten die Araber als dominierendes islamisches Volk ab und entwickelten sich schnell zu einer regionalen Supermacht, die ihren Rivalen die Vorherrschaft streitig machte. Trotz ihrer militärischen Stärke zeigte das Reich jedoch schnell seine Schwächen, die sich aus seinen hierarchischen Stammesursprüngen ergaben. Nach dem Tod von Tughrul-Beg im Jahr 1063 versanken die Seldschuken im Chaos der Nachfolgeregelung, während der neue Sultan und verschiedene Fraktionen etwa ein Jahr lang um den Thron kämpften. Schließlich gelang es Tughrul-Begs Neffen, Alp Arslan, neuer Sultan zu werden und bis zum Jahr 1072 zu regieren.

Alp Arslan führte die Seldschuken in mehreren Angriffskriegen an und dehnte das Reich südlich und westlich des Kaspischen Meeres aus, bis hin zum heutigen Armenien und Aserbaidschan, das die Seldschuken problemlos eroberten. Während seiner Herrschaft hatte das Reich eine gemeinsame Grenze mit dem mächtigen Byzantinischen Reich, das in den Augen der Seldschuken eine direkte Bedrohung und einen Rivalen darstellte. Die beiden Seiten gerieten immer wieder in kleinen Scharmützeln aneinander, da sie sich gegenseitig feindliche Absichten unterstellten, aber die Türken triumphierten in der entscheidenden Schlacht von Manzikert im Jahr 1071, als sie eine viel größere byzantinische Armee besiegten und Kaiser Romanos IV. gefangen nahmen. Obwohl der Kaiser nach nur einer Woche Gefangenschaft wieder freigelassen wurde, war diese Niederlage der Byzantiner der Beginn des langen Prozesses ihres Niedergangs und der Entstehung neuer regionaler Mächte, die ihren Platz einnehmen sollten.

Nach den Ereignissen von Manzikert überfielen die Türken trotz eines vorübergehenden Waffenstillstands immer wieder die ostbyzantinischen Provinzen. Sie waren unerbittlich, plünderten und brannten kleine Siedlungen nieder und erbeuteten Raubgut und Hunderte von Menschen, die sie als Sklaven verkauften. Das Byzantinische Reich konnte nichts dagegen unternehmen, da es nicht über die notwendigen Mittel verfügte, um die Seldschuken in einer offenen Schlacht zu besiegen. Die Türken hingegen setzten ihre Expansion fort und wurden nicht nur in Anatolien zu einem Problem, sondern erreichten auch das Heilige Land und eroberten mehrere große Städte, darunter Jerusalem. Unter Malik Schah, der 1072 die Nachfolge von Alp Arslan antrat, fielen die Seldschuken in Georgien ein und vereinigten den gesamten Iran. Es war ein goldenes Zeitalter für die

Türken, da sie bedeutende soziale und politische Fortschritte machten, darunter die Eröffnung der Nizamiya (eine religiöse Schule mit universitätsähnlichen Strukturen) von Bagdad.

Die zweite Hälfte des 11. Jahrhunderts erwies sich für die Seldschuken als prächtige Zeit, die jedoch eine längst überfällige Reaktion des Westens nach sich zog. Auf den Ruf der Byzantiner hin, die jahrzehntelang unter der türkischen Herrschaft gelitten hatten, und schockiert vom Fall Jerusalems, vereinte Papst Urban II. die europäischen Christen, um 1096 den ersten Kreuzzug zur Befreiung des Heiligen Landes zu beginnen.

Das Sultanat der Rum-Seldschuken

Die Herrschaft von Malik Schah und seinen Vorgängern war so erfolgreich gewesen, dass das Seldschukenreich mit dem Problem der Überdehnung zu kämpfen hatte. Trotz der jüngsten Entwicklungen war die Struktur der türkischen Gesellschaft noch immer nicht so weit fortgeschritten wie die der europäischen Nationen, was bedeutete, dass die Verwaltung der neu erworbenen Gebiete immer schwieriger wurde. In Verbindung mit der Erbfolgekrise, die nach dem Tod von Malik Schah ausbrach, führte dies dazu, dass das Reich in mehrere kleinere politische Einheiten zerfiel. In Syrien, Irak, Persien und Anatolien traten neue Herrscher auf, die zwar von den Seldschuken abstammten, aber unabhängig voneinander agierten und sogar mehrfach die Feindschaft der Zusammenarbeit vorzogen.

Der wohl bekannteste Staat, der Ende des 11. Jahrhunderts fest etabliert war, war das Sultanat von Rum in Anatolien. Die Seldschuken in Anatolien waren seit dem Sieg bei Manzikert weitgehend unabhängig vom Zentrum des Reiches und betrieben seit den späten 1070er Jahren die Türkisierung der byzantinischen Gebiete. Der Name „Rum" wurde aus dem mittelpersischen Begriff übernommen und bezog sich auf die römische Bevölkerung, das die kleinasiatischen Gebiete unter den Byzantinern bewohnte.

Das Sultanat von Rum, auch Sultanat der Römer genannt, wurde zu Beginn des Jahres 1100 schnell zu einem direkten Konkurrenten des Byzantinischen Reiches. Aufgrund der zunehmenden Bemühungen des Sultanats, die byzantinische Herrschaft zu untergraben und die eigene Herrschaft durchzusetzen, begannen die Europäer den Ersten Kreuzzug, um den Byzantinern im Kampf gegen ihren muslimischen Feind die dringend benötigte Hilfe zu leisten.

Das Sultanat von Rum ist zumindest in unserem Fall von Bedeutung, weil es als Vorläufer des Osmanischen Reiches gilt, das später nach der Auflösung des Sultanats von Rum und der Aufteilung der anatolischen Gebiete aus einem einzigen Fürstentum entstand. In den ersten hundert Jahren seines Bestehens beherrschte das Sultanat von Rum jedoch das Byzantinische Reich und übernahm die meisten seiner östlichen Städte.

Die Hauptstadt des Sultanats befand sich in Ikonion (Konya), mitten im Zentrum des Sultanats, und ab dem frühen 12. Jahrhundert dehnte sich das Sultanat in alle Richtungen aus und reichte schließlich von der Hafenstadt Sinope am Schwarzen Meer bis zum Mittelmeer im Süden.

Karte Anatoliens und des Balkan im Jahr 1097
https://commons.wikimedia.org/wiki/File:Anatoliabeforecrusade.svg

Das Sultanat Rum kämpfte weiterhin im Namen des sunnitischen Islams und brachte in wahrhaft seldschukischer Manier nicht nur den Islam in die Region, sondern schuf auch den muslimischen Rechts- und Verwaltungsrahmen, der später von den Osmanen genutzt werden sollte. Die Beherrschung der anatolischen Ländereien und die Kontrolle der Handelsrouten ermöglichte es auch immer mehr Seldschuken, in die Region einzuwandern, da das dortige Klima für ihren ländlichen Lebensstil besser geeignet schien. Diese Migrationswelle veränderte die ethnische, religiöse und sprachliche Struktur der Region vollständig und ließ die Bedeutung des Griechischen schwinden, das in weiten Teilen der hellenischen Welt als Hauptsprache gesprochen wurde. Arabisch und Persisch waren ebenfalls wichtige Sprachen, doch als die türkischsprachigen Osmanen die herrschende Dynastie zu Beginn des 14. Jahrhunderts ablösten, wurde Türkisch zur meistgesprochenen Sprache.

Obwohl das Sultanat Rum seinen territorialen Besitz stark vergrößerte, war es auch der wichtigste Beschützer der islamischen Völker während der Kreuzzüge. Die Anführer der Kreuzzüge organisierten ihre Routen ins Heilige Land stets über Anatolien, was bedeutete, dass sie sich oft auf Kämpfe mit den Türken einließen, um nach Jerusalem zu gelangen. Auch wenn die Seldschuken anfangs einige Siege errangen, machten die schieren Ressourcen, die die christlichen Staaten in ihre Expeditionen steckten, die Gefechte fast nutzlos. Die christlichen Armeen schienen nie aufzuhören, und die Türken erkannten schnell, dass die Unterbrechung ihrer Nachschublinien und eine gezielte Überfalltaktik das beste Mittel gegen die Invasoren sein würden. Nach einer Reihe von Kämpfen mit den Kreuzfahrern im 12. Jahrhundert hatte das Sultanat zwar gemischten Erfolg, konnte aber dennoch den größten Teil seiner Gebiete halten.

Die Macht des Sultanats begann langsam zu schwinden, als es durch Erbfolgekriege geschwächt wurde. Nach der Thronbesteigung des unpopulären Kilidsch Arslan III. übernahm Kai Chosrau I. die Kontrolle und teilte das Reich unter seinen beiden Söhnen auf. Das 13. Jahrhundert brachte eine Zeit der Instabilität und des Chaos mit sich, da die Herrscher des Sultanats versuchten, ihre Ländereien weiter auszudehnen, was ihnen jedoch nur teilweise gelang. Ihre Invasion in Georgien wurde zurückgeschlagen, aber sie erwarben neue Gebiete an der Südküste des Schwarzen Meeres. Auch die Kreuzfahrer trugen zum Untergang des Sultanats bei, da sie dessen südliche Gebiete bedrohten, nachdem sie im Heiligen Land Fuß gefasst hatten. Das 13. Jahrhundert war jedoch auch das Jahr der Invasion des Nahen Ostens und Kleinasiens durch die Mongolen, die jeden Widerstand auf ihrem Weg zerschlugen und die Völker in den von ihnen eroberten Ländern unterwarfen. Nachdem er 1242 die wichtige Stadt Erzurum an die Mongolen verloren hatte, versuchte Sultan Chosrau II. ein Jahr später mit Hilfe christlicher Söldner in der Schlacht vom Köse Dağ Vergeltung zu üben, wurde aber entscheidend geschlagen. Daraufhin war er gezwungen, sich den Mongolen zu unterwerfen, ohne dass er dem chaotischen politischen Klima in Anatolien ein Ende setzen konnte.

Trotz der politischen Kämpfe, die das Sultanat in der zweiten Hälfte seines Bestehens erlebte, sollte seine soziokulturelle Rolle nicht unterschätzt werden. Das Sultanat von Rum legte den Grundstein für die Verwaltung Anatoliens, die später von den osmanischen Herrschern genutzt wurde. Die seldschukischen Herrscher verbesserten die Anbindung der Region massiv, indem sie Hunderte von Handelsposten einrichteten und Straßen ausbauten. Auch ihre Verwaltungsmethoden waren von entscheidender Bedeutung, denn sie nutzten die vielen Ansätze in der Region und führten persische und arabische Einflüsse ein. Trotz ihrer Differenzen waren die Seldschuken gegenüber den in Kleinasien lebenden Griechen recht tolerant, respektierten ihre Sitten und Traditionen und nahmen den griechischen Adel in ihre eigenen höheren Klassen auf.

Kapitel Zwei – Der Aufstieg der Osmanen

Nachdem wir uns mit den Ursprüngen des türkischen Volkes in Anatolien befasst haben, ist es nun an der Zeit, zum Hauptthema dieses Buches überzugehen. In diesem Kapitel geht es um die Entstehung des Osmanischen Reiches, zunächst als mächtiges Fürstentum und dann als Imperium. Wir werden auch über die politischen Auswirkungen des Niedergangs des Sultanats von Rum sprechen und darüber, wie die osmanischen Herrscher diese Gelegenheit nutzten.

Osman

Nach der Niederlage des Sultanats von Rum gegen die Mongolen im Jahr 1243 wurden die Seldschuken in Anatolien zu Vasallen der Mongolen, die über die Länder südlich des westlichen Nahen Ostens herrschten. Die Mongolen errichteten eine feste Herrschaft über ihre neu hinzugekommenen Untertanen und gewährten ihnen im Gegenzug für Tribute ein gewisses Maß an Autonomie. Das Ende des 13. Jahrhunderts und der Beginn des 14. Jahrhunderts waren jedoch auch für die Mongolen eine Zeit der Instabilität. Die schiere Größe des mongolischen Herrschaftsgebiets machte es sehr schwierig, das Volk effektiv zu regieren und zu kontrollieren, vor allem, wenn man bedenkt, dass die Mongolen noch nie gut im Regieren und Verwalten gewesen waren. Nach und nach verloren die mongolischen Herrscher die Kontrolle über ihre seldschukischen Vasallen in Anatolien, da verschiedene unabhängige Fürsten an Macht gewannen.

Mit der verstärkten Einwanderung der Türken wurde auch das Byzantinische Reich langsam geschwächt, doch der eigentliche Schlag für das Reich war die Plünderung Konstantinopels durch die Armeen des Vierten Kreuzzugs im Jahr 1261. Die lateinischen Christen, die von ihrem ursprünglichen Ziel, das Heilige Land zu erobern, abgewichen waren, plünderten stattdessen die Stadt Konstantinopel, was die Macht des bereits schwachen Byzantinischen Reiches weiter schwächte. Die türkischen Fürstentümer breiteten sich immer weiter nach Westen aus und vertrieben die Griechen aus den Provinzen, die sie seit jeher besetzt hatten. Nach und nach verdrängten die Türken die Byzantiner in Anatolien.

Zu den unabhängigen türkischen Fürstentümern, die sich während des allmählichen Niedergangs des Byzantinischen Reiches bildeten, gehörte auch Osmans Fürstentum im Nordwesten Anatoliens rund um die Städte Bursa, Nikomedia und Nizäa. Wie aus der Chronik hervorgeht, war Osman der Erste in der Dynastie, der sich zum Souverän erklärte, und es gelang ihm, den Prozess der Gründung eines neuen Staates einzuleiten. Während er einen heiligen Krieg (ghaza) gegen die byzantinischen Provinzen führte, um den Islam zu verbreiten, gelang es Osman, die Unterstützung vieler benachbarter Fürstentümer zu gewinnen. Sie folgten ihm in die Schlacht, vermutlich nicht nur für den Ruhm des Islam, sondern auch für ihren eigenen materiellen Gewinn. Gemeinsam unternahmen sie eine Reihe von Überfällen auf kleinere byzantinische Städte und Dörfer und vermieden so Konflikte mit ihren muslimischen Nachbarn im Süden und Osten. Osman gilt als Gründer des osmanischen Staates, der seinen Namen von seinem ersten Herrscher ableitet.

Bis zum Jahr 1300 hatte sich Osman einen Weg durch das zersplitterte politische Klima der Region gebahnt, indem er sich durch eine Reihe von Eheschließungen und Verhandlungen Allianzen sicherte und seine Macht im Nordwesten Anatoliens konsolidierte. Im Jahr 1301 besiegte Osman ein byzantinisches Heer vor der Stadt Nikomedia (heute Izmit) und erlangte so die Kontrolle über die Stadt Yenişehir, die er zur neuen Hauptstadt erklärte, sowie den Zugang zum Ägäischen Meer im Westen. Durch seine Expansion nach Westen gelang es Osman, die byzantinische Herrschaft in der Region zu untergraben und die byzantinischen Territorien in zwei getrennte Gebiete aufzuspalten. Als Osman 1324 starb, träumte er davon, die Stadt Bursa zu erobern, um die Vorherrschaft des osmanischen Staates in Westanatolien zu festigen und sich einen bedeutenden Vorteil gegenüber seinen Rivalen zu verschaffen. Osman machte einen Versuch, aber Bursa wurde erst 1326 eingenommen.

Orhan und die frühen Eroberungen

Osmans Traum wurde von seinem Sohn Orhan verwirklicht, der die Führung des Staates erbte und Bursa nach einer grausamen einjährigen Belagerung Ende 1326 einnehmen konnte. Orhan erklärte Bursa zur neuen Hauptstadt und setzte alles daran, sie zu einer der schönsten und wohlhabendsten Städte in ganz Anatolien zu machen. Das meiste Wissen über Orhans Herrschaft stammt von dem berühmten afrikanischen Reisenden Ibn Battuta, der Bursa und andere osmanische Städte in der Mitte des 14. Jahrhunderts besuchte. In seinen Schriften beschreibt Ibn Battuta das blühende städtische Leben mit reichen Basaren, die von breiten Straßen und schönen Gärten umgeben waren. Er erwähnt auch die Erfolge von Orhans Herrschaft und lobt ihn als großen Krieger und Verwalter.

Die osmanischen Eroberungen wurden unter Orhan mit noch größerem Enthusiasmus fortgesetzt, der den byzantinischen Kaiser Andronikos III. 1329 in der Schlacht von Pelekanon besiegte. Der Kaiser war gezwungen zu fliehen, nachdem seine Truppen aufgerieben worden waren, so dass Orhan 1331 die Stadt Nizäa und die angrenzenden Gebiete ohne großen Widerstand einnehmen konnte. Unter dem Druck nicht nur der Osmanen, sondern auch der serbischen und bulgarischen Führer im Westen, die ihre Kräfte gebündelt hatten, um die Byzantiner zu schwächen, willigte Kaiser Andronikos widerwillig ein, Orhan Tribut zu zahlen, um die osmanische Bedrohung zu stoppen, während er sich auf seine Probleme auf dem Balkan konzentrierte.

Orhan fuhr fort, byzantinische Gebiete zu überfallen und zu plündern, bevor er schließlich 1337 eine weitere wichtige Stadt, Nikomedia, einnahm. Der barmherzige Emir erlaubte der Bevölkerung der Stadt, friedlich nach Konstantinopel zu gelangen, bevor er siegreich in die Stadt einmarschierte. Mit der Eroberung von Nikomedia wurden die Osmanen zu einer unbestrittenen Macht, mit der man in Westanatolien rechnen musste, und sie waren sicherlich das mächtigste seldschukische Fürstentum (Beylik).

Die Übernahme der Kontrolle über die wichtigsten byzantinischen Hafenstädte bedeutete, dass Orhan die Mittel hatte, weitere Offensiven im Westen zu beginnen und die Byzantiner aus Südthrakien zu vertreiben. Nachdem er seine östliche Flanke gemeinsam mit anderen seldschukischen Herrschern gesichert hatte, sandte er seinen Sohn Süleyman aus, um die Küsten Griechenlands zu überfallen. Bis 1354 war es den Osmanen gelungen, die byzantinische Küstenverteidigung erheblich zu schwächen, so dass sie zum ersten Mal in die von Byzanz gehaltenen europäischen Gebiete eindringen konnten. Mit der Eroberung der strategisch wichtigen Halbinsel Gallipoli war Orhan nun in einer hervorragenden Position, um die byzantinischen Besitzungen in Thrakien und auf dem restlichen Balkan anzugreifen. Das Byzantinische Reich bestand nun nur noch aus einigen isolierten Landstrichen, die voneinander getrennt waren. Geplagt von den ständigen osmanischen Überfällen und dem serbischen Unabhängigkeitskrieg im Norden sowie dem zunehmenden Einfluss Venedigs auf den Meeren und den unglücklichen Folgen des Schwarzen Todes waren die Tage von Byzanz gezählt. Die Osmanen hingegen waren noch nie so mächtig gewesen.

Verzweifelte Zeiten erforderten verzweifelte Maßnahmen, und der byzantinische Kaiser Kantakuzenos beschloss, sich mit den Osmanen zu verbünden, um im Gegenzug militärische Unterstützung gegen den serbischen Aufstand zu erhalten, den er für eine größere Bedrohung hielt. Eine Entscheidung, die sich als nicht sehr glücklich herausstellte. Süleyman, der Sohn Orhans, führte die Truppen der griechisch-türkischen Allianz erfolgreich gegen die Serben, als diese in Südthrakien eindrangen, weigerte sich jedoch, die erreichten Landgewinne aufzugeben, da er behauptete, Gott habe ihm die Kontrolle über diese Gebiete übertragen. Auf Süleyman folgten die einwandernden türkischen Siedler, die begannen, sich in den thrakischen Gebieten niederzulassen und türkische Siedlungen zu gründen, die Jahrhunderte überdauern sollten.

Aufgrund dieses fatalen Fehlers wurde Kantakuzenos entmachtet, und Johannes V. Palaiologos bestieg den Thron. Er hoffte auf Hilfe aus Westeuropa, um die von den Osmanen besetzten Gebiete zu befreien. Europa antwortete jedoch nicht auf diesen Ruf. Die europäischen Nationen waren in Kriege gegeneinander verstrickt und hatten bereits erhebliche Mittel für die Finanzierung der katastrophalen Kreuzzüge ausgegeben. Daher zögerten die europäischen Nationen, dem byzantinischen Kaiser Hilfe zukommen zu lassen.

Johannes V. Palaiologos gelang es glücklicherweise, eine andere, wenn auch vorübergehende Lösung für die Probleme seines Reiches zu finden. Anfang 1357 verstarb Süleyman, der älteste Sohn und Nachfolger Orhans, auf tragische Weise, und der jüngere Sohn des osmanischen Emirs, Halil, wurde von lokalen Piraten gefangen genommen. Da die Byzantiner über eine starke Seestreitmacht verfügten, bat Orhan den Kaiser um Unterstützung, um seinen Sohn aus der Gefangenschaft zu befreien, und dieser stimmte zu und nutzte die Situation, um die Feindseligkeiten zwischen seinem Reich und den Osmanen einzustellen.

Kaiser Johannes V. schickte eine Rettungsmission und konnte den Jungen befreien, verlangte aber im Gegenzug, dass Orhan den osmanischen Eroberungen byzantinischer Gebiete ein Ende setzte und seine Tochter, Prinzessin Irene, mit dem jungen Halil verheiratete, den Johannes nach Konstantinopel gebracht hatte. Für Orhan war dies ein eher unangenehmes Abkommen, das er akzeptieren musste, um die Freiheit seines Sohnes zu garantieren.

Murad I, und die Eroberung Thrakiens

Obwohl sich das Byzantinische Reich, oder zumindest das, was davon übrig war, mit den Osmanen verbündete, wusste jeder, dass der Frieden zwischen den beiden nur vorübergehend war. Nach dem Abkommen versuchte Kaiser Johannes V. erneut, die westliche Welt um Hilfe zu bitten, jedoch ohne Erfolg. Nach der Freilassung Halils brach Orhan das Bündnis und beschloss, eine weitere Reihe von Angriffen auf die restlichen byzantinischen Gebiete zu unternehmen, eine Expedition, die Konstantinopel von allen Seiten umzingeln sollte. Diesmal überquerten die osmanischen Truppen unter der Führung seines zweitältesten Sohnes Murad die Grenze und drangen in Thrakien ein, um die thrakisch-osmanischen Besitzungen zu vereinigen. Es war ein weiterer heiliger Krieg, der für Orhan glänzende Ergebnisse brachte und die byzantinischen Verteidigungsanlagen schwächte. Ende 1361 gelang es Prinz Murad, die wichtige Stadt Adrianopel zu belagern und einzunehmen und sie zur neuen Hauptstadt des Osmanischen Reiches zu erklären.

Prinz Murad wurde Ende 1362 nach dem Tod von Orhan osmanischer Sultan. Genau wie sein Vater und sein Großvater setzte er seine Expansionspolitik fort und erzielte erstaunliche Erfolge. Die Einnahme von Adrianopel, das in Edirne umbenannt wurde, ermöglichte es Murad, tiefer nach Thrakien vorzudringen und die bei früheren Invasionen gewonnenen Gebiete zu konsolidieren. Murad zog mit seinen Armeen nach Makedonien und Bulgarien, schlug die Überreste des serbischen Aufstands nieder und unterwarf die Bewohner dieser Gebiete. Konstantinopel war praktisch von osmanischen Besitzungen oder Vasallen Murads umgeben. Rasch folgten türkische Siedler, die in den eroberten Gebieten neue Zentren errichteten und zum Prozess der Türkisierung beitrugen.

Bevor Murad jedoch weiter nach Südosteuropa vordringen konnte, war er gezwungen, nach Anatolien zurückzukehren, um sich mit dem Fürstentum Karaman auseinanderzusetzen, das im Osten an das Osmanenreich grenzte. Nachdem es sich seit vielen Jahrzehnten friedlich verhalten hatte, nutzte der Karamanidenherrscher Murads Hinwendung zum Balkan zu erneuten feindlichen Übergriffen. Murad konnte nicht nur die feindlichen Truppen zurückdrängen, sondern es gelang ihm auch, einen großen Teil des Landes südöstlich seines Reiches zu erobern, wodurch er einen Frieden mit Karaman erzwang und den anderen Fürstentümern signalisierte, dass die Osmanen das mächtigste Reich waren.

Murad I.

Murad kehrte nach Edirne zurück, um seine Streitkräfte zu konsolidieren. Nachdem er den Frieden im Osten gesichert hatte, war er nicht bereit, die Eroberung des Balkans fortzusetzen, um die Byzantiner in Konstantinopel zu verdrängen. Als die Balkanvölker jedoch sahen, dass der Sultan seine Grenzen aufgab, schlossen sie sich zusammen, um der osmanischen Vorherrschaft ein Ende zu setzen. Die Serben stellten ein Heer auf, um sich der osmanischen Eroberung zu widersetzen, und stellten sich Murad im September 1371 in der Schlacht von Mariza nahe dem Dorf Tschernomen im heutigen Griechenland entgegen. Obwohl die genauen Angaben über die Anzahl der Truppen voneinander abweichen, wird geschätzt, dass die serbische Armee den Osmanen zahlenmäßig etwa neun zu eins überlegen war und insgesamt etwa fünfzigtausend Mann zählte. Dennoch gelang es den Osmanen, den Feind dank überlegener Taktik zu überlisten und einen entscheidenden Sieg zu erringen, der ihnen die weitere Unterwerfung des Balkans ermöglichte. In den folgenden zehn Jahren gelang es den Osmanen, eine wichtige Stadt nach der anderen zu erobern, so dass sie Mitte der 1380er Jahre beispielsweise Sofia und Thessaloniki unter ihre Kontrolle brachten.

Murad I. beherrschte seine Feinde vollständig, auch wenn er Ende der 1380er Jahre seine Männer auf zwei Fronten verteilen musste. Er hatte es erneut mit den türkischen Fürstentümern in Anatolien zu tun, die sich erhoben hatten, um die Macht der Osmanen in ihrer Heimatregion zu untergraben. Seine Erfolge führten in anderen christlichen Regionen des Balkans zur Bildung einer Koalition zwischen den Königreichen Serbien und Bosnien. Mit Unterstützung der Johanniter führten Fürst Lazar von Serbien und König Tvrtko von Bosnien 1388 etwa zwanzigtausend Mann gegen die Osmanen in der Schlacht von Pločnik an, in der Hoffnung, dass ein christliches Bündnis ausreichen würde, um die muslimischen Invasoren zurückzudrängen. Allen Widrigkeiten zum Trotz gelang es den Christen, den Sieg zu erringen, womit sie zum ersten Mal seit den Invasionen Süleymans vor einigen Jahrzehnten eine große osmanische Streitmacht besiegten.

Murad schlug jedoch zurück, indem er seine Aufmerksamkeit vom Osten abwandte, wo er seine Dominanz gegenüber den anderen türkischen Fürstentümern bewiesen hatte, und den Großteil der osmanischen Armee auf den Balkan verlegte. An der Spitze seiner Männer stellte sich Murad im Juni 1389 in der Schlacht auf dem Amselfeld (unweit Priština) der christlichen Allianz entgegen. Historiker schätzen, dass beide Armeen etwa fünfundzwanzigtausend Mann zählten. Nach einem Tag erbitterter Kämpfe verloren beide Seiten den Großteil ihrer Truppen, ohne dass es einer der beiden Seiten gelang, einen nennenswerten Vorteil gegenüber der anderen zu erlangen. Murad wurde bei den Kämpfen getötet, aber die Osmanen zogen sich nicht zurück, sondern töteten Prinz Lazar von Serbien und drängten den Feind zurück. Am Ende war der Ausgang der Schlacht nicht eindeutig, beide Kommandeure waren tot und die Zahl der Opfer ähnlich hoch. In Serbien erinnert man sich heute an die Schlacht auf dem Amselfeld als einen mutigen Versuch der orthodoxen Christen, den Vormarsch der Osmanen in Europa zu stoppen und Zeit zu gewinnen, damit der Rest der christlichen europäischen Nationen auf die wachsende Bedrohung reagieren konnte.

Trotz des Todes von Murad war der Kampfgeist der verbliebenen osmanischen Armee und des Oberkommandos ungebrochen. Die Türken wussten, dass die Truppen der Allianz stark dezimiert worden waren. Sie hielten es für unmöglich, dass die Christen genügend Kraft für weiteren Widerstand aufbringen würden. Die osmanische Armee wollte mehr Krieg und Eroberung, und ein einfacher Rückschlag würde nicht ausreichen, um ihr Vorhaben zu bremsen. Murads Nachfolger Bayezid I., der sich nach dem Tod seines Vaters in der Schlacht bewährt hatte, wurde neuer Sultan und schwor, die Expansion des Reiches fortzusetzen. Bayezid I., der den Spitznamen Yildirim („Donnerkeil") trug, begeisterte seine Untertanen durch sein mutiges, ritterliches und charismatisches Wesen. Er machte die Serben zu seinen Vasallen, obwohl es kurz nach seiner Thronbesteigung zu einem schweren Zusammenstoß auf dem Amselfeld kam. Um seinen Besitz auf dem Balkan zu festigen, heiratete er 1390 Mileva Olivera, die Tochter von Fürst Lazar, und ernannte Lazars Sohn zum alleinigen Herrscher Serbiens. Auf diese Weise sicherte er sich dessen Loyalität, um sicherzustellen, dass ein christliches Bündnis nie wieder ein Problem für die Osmanen darstellen würde.

Sieg über die Kreuzfahrer

Aufbauend auf den Bemühungen seiner Vorgänger und einer aggressiven Außenpolitik setzte Bayezid I. den Heiligen Krieg im Namen des Islam gegen die Christen auf dem Balkan fort, sorgte aber auch dafür, dass sich die türkischen Fürstentümer Anatoliens der Stärke des osmanischen Staates bewusst wurden. Bis Anfang 1391 gelang es ihm, die Führer der vier westlichen Beyliks - Karasiden, Menteşe,

Saruchaniden und Aydiniden – zu stürzen und zu Vasallen zu machen sowie die Ländereien des Germiyaniden-Fürstentums, das im Herzen der Halbinsel lag, zu erobern. Zwei Jahre später, nachdem er seine Streitkräfte wieder ergänzt und seine Macht über seine Untertanen gefestigt hatte, führte Sultan Bayezid I. seine Männer zurück auf den Balkan und nahm den Kampf gegen die Bulgaren auf, annektierte ihre Gebiete und umschloss den Rest des Byzantinischen Reiches vollständig in einer kleinen isolierten Enklave in Konstantinopel. Bis 1395 hatte Bayezid die Herrscher Nordgriechenlands und der Walachei zu Vasallen gemacht, wodurch der gesamte südliche Balkan im Wesentlichen türkisiert wurde und die Tatsache, dass die Osmanen zu einer regionalen Großmacht geworden waren, weiter unterstrichen wurde.

Die Eroberungen Bayezids I. alarmierten das übrige christliche Europa, und Papst Bonifatius IX. rief Anfang 1396 zu einem neuen Kreuzzug auf, um die osmanischen Vorstöße in Europa aufzuhalten. Die Nachricht von der Stärke des Osmanischen Reiches hatte sich in ganz Europa herumgesprochen, doch im Westen zögerte man noch, sich am Kreuzzug zu beteiligen. England und Frankreich kämpften noch immer im Hundertjährigen Krieg, und die iberischen Herrscher befanden sich mitten in der Reconquista. So folgte König Sigismund von Ungarn und Kroatien, dessen Reich direkt an die neu eroberten osmanischen Gebiete grenzte, dem Ruf des Papstes. Sigismund war ein mächtiger Monarch, der schließlich zum Kaiser des Heiligen Römischen Reiches wurde und bis zu seinem Tod im Jahr 1437 über einen Großteil Mittel- und Osteuropas herrschte.

Die meiste Hilfe erhielt Sigismund von Johann I., dem Sohn des Herzogs von Burgund, der dem König mit einigen tausend Mann zu Hilfe kam und die Moral der Christen, die motiviert genug waren, sich der Sache anzuschließen, stärkte. Bald schlossen sich Tausende von unabhängigen Rittern aus dem gesamten christlichen Europa Sigismunds Heer an. Die genaue Zahl der Kreuzfahrer ist sehr umstritten, und die verschiedenen Chroniken zeichnen ein sehr unterschiedliches Bild. Man kann davon ausgehen, dass die Kreuzfahrertruppe zwischen fünfzig- und neunzigtausend Mann umfasste, was in Anbetracht des Zustands des christlichen Europas zu dieser Zeit immer noch eine beeindruckende Leistung darstellte. Anfang 1396 begannen die Kreuzfahrer ihren Marsch donauabwärts mit dem Ziel, die Osmanen zu besiegen und die byzantinische Hauptstadt von der türkischen Blockade zu befreien.

In der Zwischenzeit hatte Bayezid I. Konstantinopel vollständig eingekesselt und belagerte die Stadt sogar, indem er Befestigungsanlagen errichtete, die eine langsame und grausame Eroberung des byzantinischen Kronjuwels ermöglichen sollten. Als der Sultan von dem Kreuzzug erfuhr, teilte er seine Truppen auf und machte sich bereit, dem Feind in der Schlacht entgegenzutreten. Die Kreuzfahrer erreichten die Stadt Widin im Westen Bulgariens, deren Anführer Iwan Srastsimir von den Osmanen als Vasall eingesetzt worden war. Als Iwan das Kreuzfahrerheer sah, gab er jedoch die Kontrolle über die Stadt auf und ermöglichte den Kreuzfahrern einen relativ leichten Zugang zum Herzen der osmanischen Balkangebiete. König Sigismund und seine Männer setzten ihren Marsch donauabwärts fort, nahmen die wichtige Stadt Nikopolis ins Visier und plünderten und brandschatzten die Ländereien auf ihrem Weg in wahrer Kreuzfahrermanier.

Im Sommer 1396 überquerte das Kreuzfahrerheer die Donau und belagerte die Festung. Nikopolis, das an einer natürlichen Verteidigungsposition an der Mündung des Flusses Olt in die Donau liegt, war bei einem direkten Angriff nur sehr schwer zu erobern. Die hohen Steinmauern, die die Stadt umgaben, konnten nur nach langem Beschuss überwunden werden, was den Einwohnern von Nikopolis, die auf die Hilfe ihres Sultans bei der Verteidigung hofften, wohl bekannt war.

Ohne Belagerungsausrüstung, mit geringer Disziplin und mit hohen Erwartungen lagerten die Kreuzfahrer in der Nähe der Stadt auf der Südseite und zögerten, einen Angriff auf Nikopolis zu beginnen, auf den sie nicht vorbereitet waren. Stattdessen schickten die christlichen Befehlshaber Überfallkommandos und Spähtrupps aus, um sicherzustellen, dass sie eine sichere Position eingenommen hatten. Während sie warteten, erreichte die Nachricht von Bayezids Vormarsch schnell die Ohren des Oberkommandos, das Mitte September mit den Vorbereitungen für die Schlacht begann. Nach der Besprechung der Schlachtpläne war sich König Sigismund mit den übrigen Offizieren über die Aufstellung seiner Truppen uneinig, ein Problem, das bei fast allen Kreuzzügen auftrat, da die Anführer und Soldaten aus verschiedenen Ländern stammten.

Am 25. September 1396 näherte sich Bayezid Nikopolis, um die Belagerung zu brechen, und traf auf die Kreuzfahrer, die zwischen seinem Heer und den Burgmauern stationiert waren und ihn daran hinderten, sich der Stadt zu nähern. Nachdem Sigismund vor der

Hauptinfanterielinie Pferdefallen aufgestellt hatte, war er zuversichtlich, die Osmanen aufhalten zu können. Nach einem kurzen Patt trafen die beiden Streitkräfte in der Schlacht aufeinander, doch trotz der großen Hoffnungen der Christen erwies sich die osmanische Kavallerie als viel gefährlicher als erwartet. Indem sie die Fallen umging und den Feind von der Seite angriff, gelang es Bayezids schneller Vorhut, die Kreuzfahrer von den Seiten her zu vernichten, während die Hauptinfanterie vorrückte und sich dem Nahkampf stellte. Überwältigt vom Feind und aufgrund mangelnder Kommunikation begannen Sigismunds Truppen einen Massenrückzug, bei dem die verschiedenen Kontingente des Kreuzfahrerheeres eines nach dem anderen aufgerieben wurden. Dies war ein weiterer entscheidender Sieg für die Osmanen.

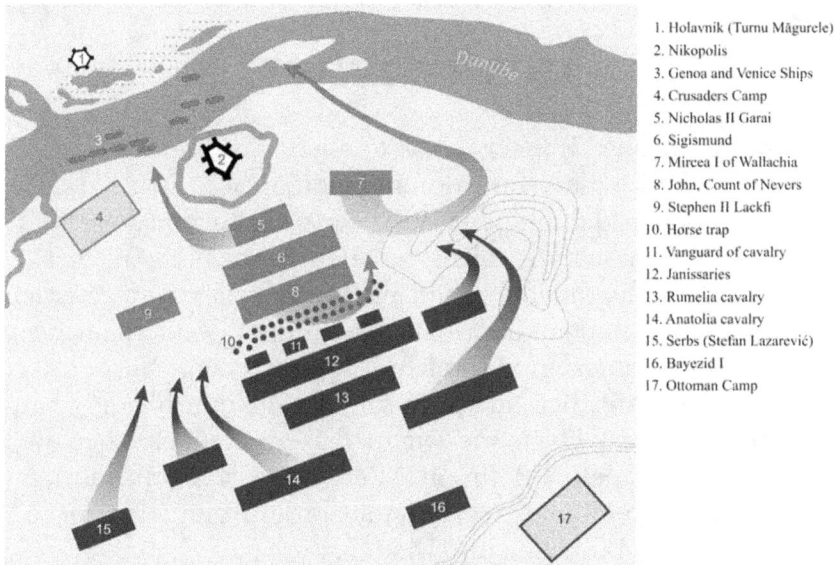

1. Holavnik (Turnu Măgurele)
2. Nikopolis
3. Genoa and Venice Ships
4. Crusaders Camp
5. Nicholas II Garai
6. Sigismund
7. Mircea I of Wallachia
8. John, Count of Nevers
9. Stephen II Lackfi
10. Horse trap
11. Vanguard of cavalry
12. Janissaries
13. Rumelia cavalry
14. Anatolia cavalry
15. Serbs (Stefan Lazarević)
16. Bayezid I
17. Ottoman Camp

Die Schlacht von Nikopolis

Kandi, CC BY-SA 4.0 <https://creativecommons.org/licenses/by-sa/4.0>, via Wikimedia Commons; https://commons.wikimedia.org/wiki/File:Battle_of_Nicopolis_(1396)_plan.png

Kapitel Drei – Herausforderungen des Reiches

Das vorangegangene Kapitel befasste sich mit dem Aufstieg des osmanischen Fürstentums zum dominierenden Staat in Anatolien und den ersten hundert Jahren seiner Existenz als Regionalmacht. Unter seinen ersten Herrschern gelang es dem osmanischen Staat, sein Territorium stark auszudehnen und nicht nur heilige Kriege gegen die Christen in Byzanz und auf dem Balkan zu führen, sondern auch andere türkische Fürstentümer in Anatolien zu schwächen. Nach dem Sieg gegen die Kreuzfahrer bei Nikopolis sah die Zukunft für die Osmanen vielversprechend aus. Doch wie wir in diesem Kapitel sehen werden, mussten die Osmanen auf ihrem Weg zu weiterer Expansion und Vorherrschaft eine Reihe von Herausforderungen bewältigen und externe wie interne Probleme überwinden.

Timur

Die christliche Welt war schockiert über die Niederlage von Nikopolis. Europa hatte die wahre Macht der Osmanen unterschätzt, denn es war ihnen gelungen, sich in der Region schnell zu einer echten Macht zu entwickeln, mit der man rechnen musste. Im späten 14. Jahrhundert umfasste der osmanische Staat den größten Teil Westanatoliens, hielt alle wichtigen Küstenstädte und fast den gesamten südlichen Balkan durch direkten Besitz oder durch Vasallen. Das Byzantinische Reich war an seinem schwächsten Punkt angelangt und kontrollierte nur noch Konstantinopel und seine unmittelbare

Umgebung. Die christlichen Nationen hatten es im Grunde aufgegeben, einen weiteren Feldzug zur Rückeroberung der verlorenen Gebiete zu unternehmen, und die anatolischen Fürstentümer hatten die osmanische Oberhoheit weitgehend akzeptiert.

Nach der Schlacht von Nikopolis gab es unter dem osmanischen Oberkommando viele Diskussionen über die Zukunft des Staates. Obwohl es Argumente für eine weitere Expansion nach Europa gab, entschied sich Sultan Bayezid stattdessen für die Rückkehr nach Kleinasien, um seine Macht zu festigen. Der Sultan schätzte die Eroberungen im Osten mehr als den Fortschritt auf dem Balkan, weil er sie als Tor zu den reichen Gebieten von Outremer (im engeren Sinne die Kreuzfahrerstaaten) betrachtete, das von den Arabern und den ägyptischen Mamluken beherrscht wurde. Diese Entscheidung erwies sich jedoch als verhängnisvoll für den Sultan und beeinträchtigte sein Erbe für immer. Das Hauptproblem bestand darin, dass die gâzi (Befehlshaber, die heilige Kriege führten), die den größten Teil seiner Armee ausmachten, nur ungern gegen andere Muslime kämpften, die sie im Grunde als Brüder betrachteten. Sie wollten lieber nach türkischer Manier heilige Kriege führen, so wie es ihre Vorfahren seit Jahrhunderten getan hatten.

Die anatolischen Fürstentümer hingegen waren aufgrund ihrer disziplinierten Armee und ihrer enormen Ressourcen mit den Möglichkeiten der Osmanen bestens vertraut. Nach Bayezids Unternehmungen auf dem Balkan waren sie zunehmend misstrauisch gegenüber den Osmanen geworden und wussten, dass sie gute Verbündete brauchten, um sich zu wehren, falls Bayezid beschloss, nach Osten zurückzukehren. Die Osmanen hatten jedoch zuvor eine Koalition der Fürstentümer besiegt, so dass ein erneuter Zusammenschluss keine Garantie dafür war, dass sie ihre Länder erfolgreich würden verteidigen können. Stattdessen verließen sie sich auf eine neu entstandene Supermacht, der sie die Treue schworen, in der Hoffnung, dass diese ihnen helfen würde, die osmanischen Eroberungen zu untergraben.

Bei dieser Supermacht handelte es sich um das Timuridenreich, einen türkisch-mongolischen Staat, der sich auf Krieg und Expansion stützte und es geschafft hatte, rücksichtslos Gebiete von Westindien und Zentralasien bis nach Ostanatolien zu erobern, einschließlich wichtiger Städte in Mesopotamien wie Bagdad und Mossul. Sie hatten sogar den Kaukasus erreicht und das Königreich Georgien unterworfen. Die ostanatolischen Beyliks hatten bereits in den frühen 1390er Jahren die Macht der Timuriden unter der Führung des legendären Timur zu spüren bekommen, nachdem brutale Überfälle und Eroberungen einige von ihnen dazu gebracht hatten, die Überlegenheit der Timuriden zu akzeptieren. Nach Timurs Rückkehr nach Kleinasien im Jahr 1399 schlossen sich die Beyliks erneut dem Khan als ihrem Oberherrn an, da sie glaubten, dass die Osmanen den Streitkräften der Timuriden nicht gewachsen waren.

Nach seiner Rückkehr schickte Timur einen Abgesandten zu Sultan Bayezid und schlug ihm vor, wie die anderen Fürstentümer den Lehnseid zu leisten und auf die Eroberung des restlichen Anatoliens zu verzichten. Bayezid ging nicht darauf ein, sondern antwortete mit Drohungen und eigenen Forderungen, die der Khan zunächst nicht beachtete. Anfang 1402 war Timur in Ostanatolien fest etabliert und erreichte die Stadt Sivas, die er einem dem osmanischen Sultan loyalen Herrscher abnahm. Timur plante, nach Ankara zu ziehen, um seine Position zu festigen.

Bayezid eilte mit etwa achtzigtausend Mann herbei, um die Stadt zu verteidigen und den Vormarsch der Timuriden aufzuhalten. Sein bunt gemischtes Heer setzte sich aus seinen Gâzi und seinen christlichen Untertanen aus dem Balkan zusammen. Bayezid traf Timur im Juli 1402 in der Nähe von Ankara zur Schlacht. Timur verfügte über ein überlegenes Heer und fast doppelt so viele Männer wie Bayezid, darunter bessere Kavallerieregimenter und, wie einige Quellen berichten, sogar Kriegselefanten. Trotz tapferer Kämpfe erlitten die Osmanen schwere Verluste und wurden entscheidend besiegt. Bayezid wurde gefangen genommen und Ankara wurde von Timur eingenommen.

Der osmanische Bürgerkrieg

Die Niederlage bei Ankara war für die Osmanen katastrophal. Nachdem der Sultan gefangen genommen und der Großteil der Armee von Timur besiegt worden war, stand Kernland des osmanischen Staates zur Disposition. Das nächste Jahrzehnt sollte die Osmanen in eine Zeit des Chaos, der Unsicherheit und der Instabilität stürzen, in der verzweifelte Maßnahmen ergriffen wurden, um die Sicherheit des Reiches zu gewährleisten.

Überraschenderweise behandelte Timur Bayezid mit Respekt, obwohl er ihn als Gefangenen hielt. Bayezid starb ein Jahr später in

Gefangenschaft, nicht lange nach Timurs Eroberung fast ganz Anatoliens. Nach seinem Sieg bei Ankara gelang es dem Khan der Timuriden, das Mittelmeer zu erreichen und im Dezember 1402 die Kontrolle über Izmir zu übernehmen. Die osmanischen Herrscher waren nicht in der Lage, seinen Angriffen zu widerstehen, während die anderen Beyliks ihrem zentralasiatischen Oberherrn bereits die Treue geschworen hatten.

Obwohl Timur Kleinasien kurz nach seinen Eroberungen verließ und 1405 starb, bestand sein Plan für Kleinasien darin, die osmanische Vorherrschaft zu untergraben, indem er kleinere Fürstentümer unterstützte und die Macht unter ihnen neu verteilte. Besonders gut gefiel ihm Mehmed, der Bey des Beylik von Karaman. Timur überließ ihm einen Teil seiner eigenen Armee und einen angemessenen Anteil ehemaliger osmanischer Gebiete, um den Frieden und das Gleichgewicht in der Region vor seiner Abreise zu wahren.

Was die Osmanen anbelangt, so brach nach dem Tod Bayezids 1403 ein Bürgerkrieg zwischen dessen vier Söhnen aus. Der älteste Sohn, Süleyman, war vielleicht der mächtigste der vier. Er hielt die Hauptstadt Edirne und genoss nicht nur die Unterstützung eines Großteils der Gâzi, sondern auch mehrerer christlicher Herrscher, mit denen er Nichtangriffspakte und Waffenstillstandsabkommen geschlossen hatte. Um finanzielle Unterstützung von den Byzantinern zu erhalten, stimmte er beispielsweise zu, die Stadt Saloniki im Herbst 1403 zurückzugeben. So war Süleyman nach dem Tod seines Vaters der Hauptanwärter auf den Thron.

Isa, der zweite Sohn von Bayezid, hatte sich in der Stadt Bursa niedergelassen und hoffte, selbst die Macht zu übernehmen. Er wurde jedoch von Prinz Mehmed, Bayezids drittem Sohn, aufgehalten, der die Oberhoheit der Timuriden in Amasya angenommen hatte. In den folgenden Kämpfen gelang es Mehmed und seinen Anhängern, Isas Truppen Mitte 1403 zu besiegen und ihn zur Flucht zu zwingen. Mehmeds Männer nahmen Bursa ein. Isa wurde später von Mehmeds Agenten im Beylik von Karaman ermordet.

Die beiden Hauptlager waren nun festgelegt: Süleyman mit seinen Anhängern auf dem südlichen Balkan und in Thrakien und Mehmed, der die osmanischen Besitzungen im Westen Anatoliens hielt. Prinz Süleyman war zuversichtlich, seinen Bruder besiegen zu können, und überquerte das Meer, um Bursa im März 1404 einzunehmen, nicht einmal ein Jahr nach Mehmeds Sieg über Isa. Unter den Osmanen brach Chaos aus, da sie nicht wussten, wen sie unterstützen sollten. Süleyman ließ es jedoch nicht dabei bewenden, sondern zog mit seinen Männern nach Ankara und eroberte einige Monate nach seinem Sieg in Bursa die zentralgelegene Stadt.

Nach seinen Eroberungen kam es zu einem Patt zwischen den beiden Seiten, das etwa fünf Jahre lang andauerte. Mehmeds Position war stark geschwächt, und es sah so aus, als würde Süleyman triumphieren. Die Pattsituation erlaubte Mehmed jedoch, seine Strategie zu überdenken.

Vor Süleymans Invasion war Musa, der vierte Sohn Bayezids, von Timur aus der Gefangenschaft entlassen worden. Musa sammelte genügend Unterstützung, um seine eigene Expedition zu finanzieren, und griff plötzlich Süleymans Kernprovinzen in Thrakien an, wodurch der älteste Bruder gezwungen war, aus Anatolien zurückzukehren. In Thrakien wurde Süleyman trotz anfänglicher Erfolge schließlich 1411 bei Edirne von Musa besiegt. Musa ließ Süleyman hinrichten, übernahm die Herrschaft über die zuvor von ihm gehaltenen Gebiete und begann mit der Belagerung von Konstantinopel, das ein enger Verbündeter Süleymans gewesen war.

In seiner Verzweiflung bat der byzantinische Kaiser Manuel II. Mehmed um die Aufhebung der Belagerung und versprach ihm große Zugeständnisse. Mehmed konnte sich diese Gelegenheit nicht entgehen lassen und machte sich auf den Weg in die byzantinische Hauptstadt, um die Griechen vor seinem Bruder zu retten. Im Juli 1413 stand er ihm in der Schlacht von Çamurlu im heutigen Bulgarien gegenüber. Es war eine knappe Schlacht, aber Mehmed konnte Musa besiegen, der auf dem Schlachtfeld fiel. Nach dem Sieg setzte Mehmed die Rückeroberung der thrakisch-osmanischen Gebiete fort, um seine Herrschaft über die Untertanen zu behaupten, und festigte bis zum Ende des Jahres seine Position als alleiniger Herrscher des osmanischen Staates. Der Osmanische Bürgerkrieg war nach etwa elf Jahren ständiger Kämpfe endlich vorbei.

Das erste Ziel von Sultan Mehmed I. war es natürlich, seine Macht zu festigen, indem er seinen Untertanen versicherte, dass er der rechtmäßige Herrscher war. Nachdem er seinen Bruder besiegt und Thrakien zurückerobert hatte, bemühte er sich um eine nicht feindliche Beziehung zu den Byzantinern. Da er Konstantinopel praktisch vor Musa gerettet hatte, versorgte Manuel II. Mehmed mit Schiffen, um seine Truppen und Ausrüstung für die Schlacht zu transportieren, wofür sich Mehmed I. dankbar zeigte. Er gab die Gebiete um Konstantinopel und die wichtige Stadt Saloniki an den Kaiser zurück. Anschließend schloss er Frieden mit den europäischen Herrschern, sicherte seine Westflanke und schloss Nichtangriffspakte mit den Genuesen und den Venezianern, den angesehensten Seemächten jener Zeit.

Es ist wichtig zu betonen, dass die europäischen Christen, die zum Zeitpunkt des Ausbruchs des Bürgerkriegs bereits seit fast hundert Jahren mit dem osmanischen Joch zu kämpfen hatten, nicht in der Lage waren, die Gelegenheit zu ergreifen und für ihre Freiheit zu kämpfen. Anstatt sich gegen die Osmanen zu erheben, blieben sie während des Jahrzehnts der Auseinandersetzungen zwischen Bayezids Söhnen weitgehend untätig. Letztlich sollte sich diese Entscheidung für sie als fatal erweisen, da die Osmanen in Europa weiter expandierten, nachdem sich die Lage im Osmanischen Reich stabilisiert hatte.

Nachdem er den Frieden gesichert hatte, wandte Mehmed I. seine Aufmerksamkeit seinen Untertanen zu, indem er diejenigen, die seine Brüder während des Bürgerkriegs unterstützt hatten, inhaftierte oder verbannte und sich mit Männern umgab, denen er vertraute. Nachdem er sein Militär wieder aufgebaut hatte, entschied er sich, den Kampf in die westanatolischen Beyliks zu tragen, um die Gebiete zurückzugewinnen, die die Osmanen während der Eroberungen Timurs verloren hatten. Obwohl dieser Feldzug recht erfolgreich war und es gelang, Karaman wertvolle Besitztümer abzunehmen, veranlasste ein Aufstand im europäischen Teil des Reiches den Sultan, seine Aufmerksamkeit nach Westen zu lenken.

Angeführt von einer geheimnisvollen religiösen Figur namens Scheich Bedreddin, der zuvor von Mehmed wegen seines Einflusses auf seine Anhänger ins Exil geschickt worden war, erhoben sich die Rebellen in der Walachei und prangerten im Namen ihres Anführers die Herrschaft von Mehmed an. Bedreddin war eine recht umstrittene Figur. Als Theologe hatte er im Wesentlichen eine Sekte von Anhängern geleitet, die die Grundsätze des islamischen Rechts in Frage stellten. Er galt weitgehend als gefährlicher Radikaler. Als sie von seiner Rebellion in Europa erfuhren, erhoben sich auch Bedreddins anatolische Anhänger und trugen weiter zum Chaos im Reich bei.

Mehmeds Herrschaft wurde auch von einer anderen mysteriösen Gestalt in Frage gestellt, die behauptete, der lange verschollene Sohn von

Sultan Bayezid, Prinz Mustafa, zu sein, der während des Krieges mit den Timuriden von Timur gefangen genommen worden war. Dem „falschen Mustafa" gelang es, eine gewisse militärische Unterstützung seitens der Byzantiner zu gewinnen, die die Osmanen so weit wie möglich schwächen wollten, um ihre verlorenen Gebiete zurückzuerobern. Dem „falsche Mustafa" wurde auch in anderen rebellierenden Provinzen im europäischen Teil des osmanischen Staates gehuldigt.

Mehmed sah sich gezwungen, auf die Rebellen zu reagieren, obwohl er ursprünglich beabsichtigt hatte, eine Offensive gegen die Beyliks zu beginnen. Als Reaktion darauf entsandte er zwei getrennte Armeen, um sich mit Bedreddin und dem falschen Mustafa auseinanderzusetzen, wobei es ihm gelang, den ersteren im Herbst 1416 zu besiegen und ihn gefangen zu nehmen. Im Dezember ließ Mehmed Scheich Bedreddin öffentlich hinrichten, um zu zeigen, wie er mit jedem Osmanen mit rebellischen und radikalen Tendenzen verfahren würde. Der „falsche Mustafa" war gezwungen, nach Konstantinopel zu fliehen, da seine kleine Truppe von der osmanischen Armee schnell überwältigt wurde. Nachdem er sich mit den Rebellen auseinandergesetzt hatte, hatte Mehmed endlich Zeit, die restlichen anatolischen Beyliks zu erobern. Vor seinem Tod im Jahr 1421 konnte er Hamid, Aydin, Menteşe, Teke und Antalya einnehmen und damit die osmanischen Grenzen weitgehend wiederherstellen, die während der Herrschaft Bayezids bestanden hatten.

Die Herrschaft Murads II.

Die Nachfolge Mehmeds I. trat sein Sohn Murad II. an, dessen Herrschaft als eine der interessantesten der osmanischen Geschichte in Erinnerung bleiben wird. In den nächsten zwei Jahrzehnten versuchten die Osmanen, weiter nach Europa vorzudringen, was aufgrund der politischen Manöver der angrenzenden christlichen Nationen zu unterschiedlichen Ergebnissen führte.

Interessanterweise spielte der „falsche Mustafa" in den ersten Jahren der Herrschaft von Murad II. eine dominierende Rolle. Der neue Sultan sah sich schon bald nach seiner Thronbesteigung mit dem Prätendenten konfrontiert, der hoffte, sich zu erheben, bevor Murad seine Macht als Sultan konsolidieren konnte. Diesmal gelang es dem „falschen Mustafa" mit byzantinischer Unterstützung, Edirne einzunehmen, doch wurde er schließlich besiegt und Anfang 1422 in der Schlacht von Uluabat hingerichtet.

Nachdem Murad mit dem „falschen Mustafa" aufgeräumt hatte, wollte er Konstantinopel angreifen, um die Unterstützung des Usurpators zu bestrafen. Konstantinopel war jahrzehntelang der einzige Stützpunkt des Byzantinischen Reiches inmitten der osmanischen Gebiete gewesen, so dass die Einnahme der Stadt für den Sultan nur eine gute Nachricht sein konnte. Leider sah sich Murad, bevor er die Byzantiner richtig belagern konnte, mit einer weiteren Reihe von Aufständen konfrontiert, diesmal in den anatolischen Beyliks. Die Beys von Teke und Menteşe wurden rasch niedergeschlagen, und bis 1425 hatte der Sultan die Kontrolle über die rebellischen Gebiete wiedererlangt.

Murad II.

In den nächsten zehn Jahren versuchten die Osmanen, ihre Präsenz auf dem Balkan zu verstärken, wo sie hauptsächlich von zwei wichtigen Akteuren herausgefordert wurden: dem Königreich Ungarn und der Republik Venedig. Ungarn, das nördlich der osmanischen Vasallenstaaten lag, war ein christliches Königreich, das aufgrund seiner militärischen und wirtschaftlichen Macht in der Lage war, den Muslimen einen gleichwertigen Kampf zu liefern. Die Venezianer hingegen waren die Herren des Meeres, beherrschten den Handel im Mittelmeer und in der Ägäis und waren nicht bereit, ihre Machtposition aufzugeben.

Murad wusste, dass er auf eine vollständige Invasion Ungarns noch nicht vorbereitet war. Das Land war ziemlich groß, und es gab einen guten Grund, warum sich noch kein osmanischer Herrscher so weit nach Norden gewagt hatte. Außerdem würde die Konzentration aller seiner Streitkräfte auf dem Balkan Anatolien ungeschützt lassen, und es bestand die große Gefahr, dass eine weitere Rebellion ausbrechen würde, wie es schon unzählige Male zuvor geschehen war. Statt einer Invasion organisierte Murad daher eine Reihe von Überfällen auf die angrenzenden ungarischen Städte und Landstriche, bei denen seine Soldaten alles, was ihnen begegnete, verwüsteten und zerstörten, um die Christen weiter zu schwächen.

Ungarn sah sich jedoch als Hauptverteidiger des christlichen Europas gegen die drohende osmanische Gefahr und versuchte, die christlichen osmanischen Vasallen in der Walachei und in Serbien dazu zu bewegen, sich seiner Sache anzuschließen. Obwohl die Walachen und Serben zunächst versuchten, sich dem osmanischen Joch zu widersetzen, zögerten sie, sich in einer offenen Rebellion gegen ihre Oberherren zu erheben, da sie befürchteten, von den Muslimen vernichtet zu werden. Wann immer Sultan Murad II. seine Aufmerksamkeit anderswohin lenkte, erklärten ihre Adligen jedoch ihre Unterstützung für Ungarn.

Schließlich unterzeichnete Murad 1427 einen dreijährigen Nichtangriffsvertrag mit Ungarn, in dem beide Seiten die Souveränität des neuen serbischen Königs Georg Branković anerkannten und vereinbarten, die festgelegten Grenzen nicht zu verletzen. Wie man sich jedoch leicht vorstellen kann, war der Waffenstillstand von Anfang an zum Scheitern verurteilt, da keine der beiden Seiten ihre gewünschten Ziele erreicht hatte.

In den 1430er Jahren griffen die Osmanen ihre christlichen Nachbarn im Norden immer wieder an, und die Christen schlugen erst dann zurück, wenn sie ihren Feind für geschwächt hielten. Ein gutes Beispiel dafür ist die Invasion der Timuriden in Anatolien, die 1435 von Schah Ruch angeführt wurde. Zu diesem Zeitpunkt hatte Murad die Christen durch seine Raubzüge geschwächt, musste aber seine Truppen nach Osten verlegen, um seine Stellungen zu verteidigen. Schließlich gelang es dem osmanischen Sultan, sich relativ gut mit dem Schah zu arrangieren, indem er sich bereit erklärte, seinen Einfluss auf die zentral- und westanatolischen Beyliks aufzugeben und die Timuriden sogar bei ihren Bemühungen gegen die ägyptischen Mamluken in Outremer zu unterstützen.

In dieser Zeit nahm der Einfluss des Sultans in Thrakien jedoch deutlich ab, und die Christen genossen ein hohes Maß an Autonomie. Murad musste sich also erneut mit ihnen auseinandersetzen, um die Sicherheit seines Reiches zu gewährleisten. Ende 1438 und Anfang 1439 überfielen und plünderten die Osmanen die Städte im christlichen Serbien, in Bosnien und in der Walachei und konnten mehrere wichtige Festungen auf dem westlichen Balkan erobern. Sie belagerten sogar Belgrad, konnten es aber nicht einnehmen.

Überraschenderweise war die Reaktion Ungarns auf diese militärischen Aktionen sehr heftig. Der neue König Vladislav und sein sagenumwobener Heerführer Johann Hunyadi führten ihre Truppen über die Grenze und traten Anfang der 1440er Jahre mehrmals den osmanischen Truppen entgegen. Im heutigen Rumänien errangen die Christen im März 1422 einen Sieg in der Schlacht von Hermannstadt, in der sie etwa zwanzigtausend osmanischen Soldaten aufrieben und sie aus Siebenbürgen zurückdrängten. Nachdem er die Unterstützung Serbiens und Albaniens erhalten hatte, eroberte Johann Hunyadi die Stadt Niš und nutzte das enorme Momentum, das seine Armee erlangt hatte.

Im Jahr 1444 sah sich der osmanische Sultan gezwungen, einen Friedensvertrag mit den Christen zu schließen, da deren rasche Vorstöße in Thrakien für die osmanischen Streitkräfte zu viel waren. Im Juni trafen sich die beiden Parteien in Edirne. Johann Hunyadi forderte die osmanischen Truppen auf, sich aus Europa zurückzuziehen und nach Anatolien zurückzukehren. Auch Serbien wurde als unabhängiger Staat unter Georg Branković wiederhergestellt. Der Vertrag von Edirne war eine der größten Niederlagen, die die Osmanen seit langem hinnehmen mussten.

Murad war gezwungen, die Verteidigung seiner europäischen Besitzungen aufzugeben, und sein Militär war schwächer denn je. Er fand keinen geeigneten Weg, seine christlichen Untertanen zu regieren, die eine Bedrohung für seine Herrschaft als Sultan darstellten. Zum Unglück für Murad musste er außerdem einen separaten Frieden mit dem Fürstentum Karaman in Anatolien schließen, demzufolge er noch mehr Gebiete im Osten aufgab. Der osmanische Staat hatte seine beherrschende Stellung als Regionalmacht verloren, da er nicht in der Lage war, die Kontrolle über die eroberten Gebiete zu behalten. Unter starkem Druck seiner Untertanen und nach einer Reihe von militärischen und politischen Verlusten verzichtete Murad II. 1444 zugunsten seines erst zwölfjährigen Sohnes Mehmed auf den Thron.

Kapitel Vier – Das Osmanische Reich

Die erste Hälfte des 15. Jahrhunderts begann für den osmanischen Staat nicht gerade gut. Die Osmanen erholten sich noch immer von den Eroberungen der Timuriden unter Timur und waren dann über ein Jahrzehnt lang durch den Kampf um die Nachfolge zwischen den Söhnen von Sultan Bayezid gespalten. Nach dem Bürgerkrieg bemühte sich das Land um die Wiederherstellung seines früheren Glanzes, war aber weitgehend erfolglos. Die Herrschaft Murads II. schließlich sah sich mit zahlreichen Problemen konfrontiert, da die Osmanen erneut von Osten und Westen unter Druck gesetzt wurden und gezwungen waren, ihren Feinden mehr Boden zu überlassen.

Wie wir in diesem Kapitel sehen werden, erholten sich die Osmanen jedoch schnell von ihren jüngsten Rückschlägen und begannen unter Mehmed II. eine Entwicklung zur regionalen Vorherrschaft, die einige hundert Jahre dauern sollte. Dieses Kapitel befasst sich mit der Umwandlung des osmanischen Staates in ein echtes Imperium, ein Prozess, der für die kommenden Jahre immense gesellschaftpolitische Auswirkungen hatte.

Die Wiederherstellung der Macht

Die schockierende Entscheidung Murads, abzudanken, bedeutete nicht unbedingt, dass das Land die Schwierigkeiten des letzten Jahrzehnts überwinden würde. Die Übergabe des Königreichs an einen Zwölfjährigen bedeutete lediglich, dass neue Parteien versuchen würden, auf höchster Ebene Einfluss zu gewinnen. Der Machtkampf, der nach Murads Abdankung ausbrach, wenn auch nicht so heftig wie der Bürgerkrieg, schadete der Krone offensichtlich mehr als er ihr half. Erschwerend kam hinzu, dass der ungarische König Vladislav einen neuen Feldzug gegen die Osmanen organisierte, und sich langsam von Nordwesten her näherte. In seiner verzweifelten Lage wandte sich die osmanische Militärführung an Murad und bat ihn, die Führung der Armeen zu übernehmen.

Diesmal waren Vladislavs Streitkräfte viel stärker und besser organisiert. Sie waren sogar vom Papst selbst gesegnet worden. Zusammen mit Kontingenten aus Venedig, Albanien und anderen europäischen Staaten und erneut unter der Führung von Johannes Hunyadi organisierte sich der neue Kreuzzug in Buda und marschierte nach Süden, wo er nach Bulgarien eindrang und die örtlichen osmanischen Garnisonen in kleineren Städten besiegte. Das Ziel der Christen war es, die osmanische Hauptstadt Edirne einzunehmen und alle Christen zu befreien, die auf dem Balkan unter muslimischer Herrschaft leben mussten.

Im November 1444 marschierten die Kreuzfahrer, verstärkt durch einheimische bulgarische Christen, auf die Stadt Varna in Ostbulgarien. Die Stärke des christlichen Heeres ist umstritten, aber die Schätzungen reichen von sechzehntausend bis dreißigtausend Mann. Die osmanische Streitmacht, die ihnen in Varna gegenüberstand, war jedoch viel größer und umfasste einigen Chroniken zufolge fast sechzigtausend Mann.

Wie schon ein halbes Jahrhundert zuvor in Nikopolis rückten die Osmanen an, um die Stadt zu befreien, und drängten die Christen zwischen sich und die Mauern. Am 10. November kam es zu einem erbitterten Kampf zwischen den beiden Seiten, wobei König Vladislav persönlich einen Reiterangriff gegen Murad anführte, der mit seiner königlichen Garde im Hintergrund stand. Doch trotz der tapferen Bemühungen der Christen, die osmanische Linie zu durchbrechen, siegten die muslimischen Bogenschützen und die überlegene Infanterie. Vladislav wurde in der Schlacht getötet, und die Christen wurden aufgerieben. Das osmanische Reich war wieder sicher.

Vor seinem Tod im Jahr 1451 kümmerte sich Murad II. um die Wiedervereinigung der verlorenen osmanischen Territorien. Nach seinem Sieg bei Varna sorgte er dafür, dass die Feinde am Hof seines Sohnes beseitigt wurden, und umgab ihn nur mit Beamten, die er persönlich kannte und denen er vertraute. Er schlug einen kleinen militärischen Aufstand nieder und machte sich daran, die Kontrolle über seine Vasallen zu übernehmen. In Europa schaltete er die lokalen Führer aus und setzte osmanische Herrscher ein, wodurch der größte Teil des südöstlichen Balkans unter osmanische Direktherrschaft kam. Alle lokalen Fürsten wurden durch türkische Verwalter ersetzt, da Murad erkannte, dass die Abhängigkeit von ausländischen Vasallen eine große Gefahr für die Einheit des Reiches darstellte. Bis 1450 wehrte er auch eine weitere ungarische Invasion in Thrakien ab und zwang die wichtige Provinz Walachei, die osmanische Oberhoheit zu akzeptieren.

Kurz gesagt, in den letzten fünf Jahren der Herrschaft Murads II. kam es zu einer Reihe rascher politischer Umwälzungen und zum Beginn des Prozesses, der aus dem osmanischen Staat ein echtes Imperium machte.

Die Eroberung Konstantinopels

Nach dem Tod Murads II. im Jahr 1451 wurde sein Sohn Mehmed, der nun endlich volljährig war, der neue osmanische Sultan. Dank der unermüdlichen Bemühungen seines Vaters, der trotz seiner militärischen Erfolge nie wirklich in Kriege verwickelt war und Gelehrsamkeit und einen friedlichen Lebensstil dem Konflikt vorzog, war das politische Klima für den neuen Sultan recht günstig. Die Grenzen des Reiches waren wieder so, wie sie unter Bayezid I. gewesen waren, und in Anatolien und auf dem Balkan herrschte relative Stabilität.

Die Osmanen waren zweifellos die stärkste Macht in der Region, und zum ersten Mal seit über fünf Jahrzehnten schien die Aussicht auf eine weitere Expansion realistisch. Die Timuriden wurden im Osten immer schwächer, so dass die türkischen Fürstentümer potenziell für eine Invasion offen standen. Im Nordwesten hatten die Ungarn es fast aufgegeben, die osmanischen Besitzungen anzugreifen, während die christlichen Vasallen keine Anzeichen einer Rebellion zeigten.

Sultan Mehmed II. wählte jedoch keine dieser traditionellen Optionen als erstes Ziel. Stattdessen hatte er es auf das Kronjuwel der Zivilisation abgesehen, Konstantinopel, das noch unter der Kontrolle des byzantinischen Kaisers stand. Konstantinopel war Mitte des 15. Jahrhunderts eine der reichsten und wichtigsten Städte der bekannten Welt, und seine Feinde hatten über viele Generationen hinweg mehrfach versucht, es einzunehmen, wobei einige mehr Erfolg gehabt hatten als andere. Direkt an der Bosporusstraße gelegen, war die Stadt strategisch gut positioniert und kontrollierte den Handelsverkehr zwischen dem Schwarzen Meer und dem Mittelmeer, was wesentlich zu ihrem Wachstum beigetragen und die Stadt viele Jahrhunderte lang versorgt hatte. Konstantinopel, das in der Mitte der von den Osmanen kontrollierten Gebiete lag, war lange Zeit ein logisches Ziel gewesen, aber den Sultanen war es nie ganz gelungen, die Stadt zu erobern, obwohl sie das einst mächtige Byzantinische Reich auf eine erbärmliche politische Enklave reduziert hatten.

Am wichtigsten war vielleicht, dass die Einnahme Konstantinopels neben den offensichtlichen politischen und wirtschaftlichen Auswirkungen auch eine gewaltige symbolische Bedeutung haben würde. Sie symbolisierte den „alten Ruhm" des Römischen Reiches, etwas, dem die Türken zuvor im Sultanat Rum nachgeeifert hatten, als sie sich als die wahren Nachfolger der Römer sahen. Die Osmanen nannten die Stadt oft Kizil Elma (den „roten Apfel") und betrachteten Konstantinopel als ihr Ziel, einen wertvollen Besitz, der eine wirkliche Rangerhöhung für den türkischen Staat bedeuten würde.

Die Besitzungen Konstantinopels im Jahr 1453

Neim Wiki, CC BY-SA 4.0 <https://creativecommons.org/licenses/by-sa/4.0>, via Wikimedia Commons; https://commons.wikimedia.org/wiki/File:4KPALAIOLOGOS2.png

So begann ein sehr mühsamer und langwieriger Prozess der Vorbereitungen zur Einnahme der Stadt. Fast drei Jahre lang nach der Thronbesteigung von Mehmed II. mobilisierten die Osmanen all ihre Kräfte und durchliefen ein rigoroses Verfahren, um die Verteidigungsanlagen der Stadt zu schwächen. Nur wenige Kilometer von Konstantinopel entfernt wurden auf beiden Seiten des Bosporus zwei Festungen errichtet, um die Stadt vollständig zu blockieren und jedes Schiff zu zerstören, das versuchte, die Blockade zu durchbrechen. Mehmed II. widmete seine ganze Aufmerksamkeit der Belagerung, wobei er Kaiser Konstantin XI. Palaiologos innerhalb der Stadtmauern langsam erdrückte, indem er von allen Seiten Druck ausübte. Die osmanischen Streitkräfte wurden als Patrouillen eingesetzt, um die Region vor etwaigen Hilfstruppen zu schützen, die aus dem christlichen Europa eintreffen könnten, um Konstantinopel zu retten.

Der Kaiser wandte sich mehrfach schriftlich an Papst Nikolaus V. mit der Bitte, ihm mit einem Kreuzzug zu Hilfe zu kommen, aber der Papst, der zu dieser Zeit keinen wirklichen Einfluss auf die Katholiken hatte, konnte aufgrund der jüngsten Niederlagen der Christen durch Sultan Murad II. kein Heer nicht mobilisieren. Im Laufe der Zeit trafen nur etwa zweitausend Mann europäischer Truppen zur Verstärkung der Stadt in Konstantinopel ein, die hauptsächlich aus den italienischen Staaten Venedig und Genua stammten, die auf den nahe gelegenen Mittelmeerinseln Kolonien besaßen, so dass die Garnison etwa siebentausend Mann stark war, was nichts im Vergleich zu dem war, was die Osmanen aufbieten konnten. Konstantin XI. versuchte sogar, Abgesandte zu Sultan Mehmed zu schicken und ihm anzubieten, sein Vasall zu werden und Tribut zu zahlen, um den Konflikt zu vermeiden, aber der Sultan reagierte mit der Ermordung der Würdenträger, da er die Bitte des byzantinischen Kaisers als Beleidigung empfand.

Sultan Mehmed II.

Nach jahrelangen Vorbereitungen war Mehmed endlich zum Angriff bereit. Um die Stadt einzunehmen, stellte er eine der bis dahin stärksten osmanischen Streitkräfte zusammen, die nicht weniger als siebzigtausend Mann umfasste, von denen die meisten von höchster Qualität waren. Entscheidend war, dass die osmanischen Streitkräfte über ein beträchtliches Kontingent an Artillerie, neuen Kanonen und Bombarden (große Kanonen) verfügten, die mit Schießpulver geladen wurden und bei Belagerungen mehr als notwendig waren. Sultan Mehmed beaufsichtigte persönlich die Einstellung einiger Militäringenieure, die in der Lage waren, solche Waffen zu bauen.

Im April 1453 marschierte Mehmed II. auf die Stadt und schickte auch seine Schiffe für einen Angriff vom Meer aus. Da die Schiffe nicht in der Lage waren, die enge, mit Ketten versehene Meerenge am Goldenen Horn südlich von Konstantinopel zu passieren, befahl Mehmed, die Schiffe aus dem Wasser zu holen und sie über Land zu ziehen, um die Verteidigungsanlagen zu umgehen und in die Stadt zu gelangen. Alles in allem bot sich den Byzantinern ein erschreckender Anblick: Hunderte versuchten, die Stadt zu verlassen, um ihrem drohenden Untergang zu entgehen. Mehmed war der Einnahme der Stadt näher denn je, er war weiter gekommen als jeder andere Sultan zuvor.

Als die Osmanen Anfang April die Stadt erreichten, begannen sie mit der Bombardierung und versuchten, die Breschen in den Mauern mit Frontalangriffen zu erstürmen. Diese ersten Versuche waren von gemischtem Erfolg gekrönt, denn die osmanische Infanterie wurde von schwerem Bogenschützenfeuer zurückgedrängt, so dass es ziemlich schwierig war, ohne große Verluste vorzurücken. Die Artillerie konnte die Mauern zwar aufweichen, aber da die Kanonen technologisch noch in den Kinderschuhen steckten, brauchten sie viel Zeit zum Nachladen, so dass die Verteidiger Zeit hatten, sich zu organisieren. Dann beschloss die osmanische Armee, ein Tunnelnetz zu bauen, um zu versuchen, unter die hohen Steinmauern von Konstantinopel zu gelangen, die die Stadt umgaben und insgesamt fast zwanzig Kilometer lang waren. Zum Unglück der Angreifer gelang es den Byzantinern nach wochenlanger Planung und dem Ausheben des Tunnelsystems, mit dem sie sich Zugang zur Stadt verschaffen wollten, an Informationen über ihren Plan zu gelangen. Sie hatten einige osmanische Offiziere gefangen genommen, gefoltert und gezwungen, die Pläne der Armee zu verraten.

Doch trotz dieser Rückschläge war klar, dass die Osmanen die Griechen aufgrund ihrer zahlenmäßigen Überlegenheit und der besseren Truppenqualität früher oder später einfach überwältigen würden. Ende Mai, nach mehr als einem Monat des Hin und Her, sandte Mehmed II. einen Brief an Konstantin XI. und forderte den Kaiser auf, die Stadt zu übergeben. Im Gegenzug versprach Mehmed, ihn und die Einwohner in Ruhe abziehen zu lassen. Konstantin weigerte sich, die Kontrolle über die Stadt aufzugeben, erklärte sich jedoch bereit, Mehmed zu seinem Oberherrn zu erklären und ihm jährlich einen hohen Tribut zu zahlen. Obwohl der Kaiser hoffte, dass dies den Sultan überzeugen würde, unterschrieb er mit seiner Antwort praktisch sein Todesurteil.

Der entscheidende Angriff auf die Stadt begann am 29. Mai nach drei Tagen intensiver Vorbereitungen durch die Osmanen. Wellen von osmanischen Truppen stürmten auf die Byzantiner zu und konnten die Verteidiger an mehreren Engpässen an den Außenmauern in die Flucht schlagen. Nachdem der genuesische Kommandant verwundet worden war, schoss die Moral der Osmanen in die Höhe und die Byzantiner begannen zu wanken. Die Angreifer brachen durch, und Tausende folgten ihnen ins Innere der Stadt. Kaiser Konstantin wurde bei den Kämpfen getötet. Konstantinopel war gefallen.

Mehmed II. erobert Konstantinopel, Gemälde von Jean-Joseph Benjamin-Constant.

Die osmanischen Truppen hatten sich das Recht verdient, zu plündern und zu brandschatzen, und zogen tagelang durch die Stadt. Der Sultan marschierte geradewegs auf die Hagia Sophia zu, die vielleicht größte orthodoxe Kathedrale, und erklärte, dass sie von nun an eine Moschee sein würde. Dann erklärte er Konstantinopel zu seiner neuen Hauptstadt und veränderte damit das osmanische Erbe für immer.

Am 2. Juni, nach drei Tagen der Plünderung, befahl Mehmed seinen Armeen, aufzuhören, da er sah, dass die Stadt in Trümmern lag. Er war der Meinung, dass ein wahrer Kaiser seine Untertanen niemals so erbarmungslos behandeln würde, und versprach, Konstantinopel in seinem früheren Glanz wiederaufzubauen. Schon bald erlebte die Stadt durch den Bau neuer Mauern, Moscheen, Häfen und Basare einen großen Aufschwung und wurde zu einem der Zentren der europäischen Zivilisation. Was die griechische Bevölkerung der Stadt anbelangt, so zeigte sich Mehmed ihnen gegenüber äußerst tolerant und erlaubte ihnen, weiterhin in den orthodoxen Kirchen zu beten. Viele Chroniken berichten von der überraschend freundlichen Art, mit der Mehmed die Eroberten in der Stadt behandelte, und behaupten, dass dies viel toleranter und weniger gewalttätig war als das, was die christlichen Kreuzfahrer im Jahr 1204 getan hatten. In Mehmeds Augen hatte er den edlen Thron des römischen Kaisers geerbt und wurde zu Fâtih, dem „Eroberer".

Der osmanische Absolutismus

Der Fall von Konstantinopel ist zweifellos eines der folgenreichsten Ereignisse der mittelalterlichen Geschichte. Er setzte eine Kette politischer Entwicklungen in Gang, die die Weltordnung des 15. Jahrhunderts rasch veränderten und den politischen Prozess für viele Jahrhunderte in der Zukunft beeinflussten. Obwohl die meisten westeuropäischen Monarchen zuvor die potenzielle Bedrohung durch die Osmanen ignoriert hatten und deren wahre Macht nur widerwillig anerkannten, mussten sie nun erkennen, dass ein neues Reich die Vorherrschaft in der Region übernommen hatte. Tatsächlich kann der Fall von Konstantinopel als der Beginn des „Goldenen Zeitalters" der Osmanen und als die Periode angesehen werden, aus der der türkische Staat als echtes Imperium hervorging.

Für Mehmed II. war dies erst der Anfang. Er war erst einundzwanzig Jahre alt, als ihm das Kunststück gelang, das sich die Herrscher vor ihm gewünscht hatten. Nach seinem grandiosen Sieg machte er sich bald daran, seine Macht über seine Untertanen auszubauen, um die totale Herrschaft über sein Reich zu erlangen. Mehmed II. war einer der ersten osmanischen Herrscher, der sich den Absolutismus als Herrschaftsform zu eigen machte und sich von allen unter ihm stehenden Personen abgrenzte. Er sollte die einzige Person im Reich sein, die Entscheidungen traf, und jeder, der es wagte, sich ihm zu widersetzen, würde ein grausames Ende finden, was er im Laufe seiner Herrschaft immer wieder demonstrierte. Mehmed baute sich in Konstantinopel eine neue Burg mit Blick auf den Bosporus, die es ihm ermöglichte, sich von den Beamten unter ihm abzukapseln. Dies war ein radikaler Unterschied zu dem, was die osmanischen Sultane zuvor getan hatten. Normalerweise waren sie immer mitten in der Entscheidungsfindung und sprachen mit ihren Dienern, Befehlshabern und anderen Beamten.

Mehmeds Eroberungen hörten nicht bei Konstantinopel auf, denn er wurde erneut mit den osmanischen Vasallenstaaten auf dem Balkan konfrontiert. Ab 1454 geriet Mehmed in eine Reihe von Konflikten mit den Ungarn um Serbien, auf das er seinen Einfluss geltend machen wollte. Es gelang ihm nicht, Belgrad 1456 einzunehmen, aber einige Jahre später, 1459, konnte er die serbische Opposition besiegen und einen Großteil ihrer Ländereien direkt besetzen.

Nachdem er Serbien zum Vasallen gemacht hatte, richtete Mehmed II. seine Aufmerksamkeit auf Venedig, das sich langsam zu einem der reichsten Reiche Europas entwickelt hatte. Durch ihre Kolonien besaß die italienische Republik ein beträchtliches Gebiet in Korinth und stellte eine potenzielle Bedrohung für die osmanische Herrschaft in dieser Region dar. Mehmed würde nie wirklich in der Lage sein, den Einfluss der Venezianer in Griechenland zu untergraben, die dank ihrer Seestärke und ihrer hart verteidigten Festungen in der Region weiterhin ihr eigenes Volk unterstützten.

Den größten Erfolg hatte der osmanische Sultan in Bosnien, das er 1463 eroberte, nachdem die Konfrontation mit Venedig erfolglos geblieben war. Obwohl sie orthodoxe Christen waren, waren die Bosnier, die in den von den Osmanen besetzten Gebieten lebten, recht offen für den Übertritt zum Islam. Dies führte zum Bau zahlreicher Moscheen und muslimischer Schulen in den Städten, und die bosnische Kultur nahm bald islamische Elemente auf und verschmolz sie mit ihren slawischen Ursprüngen. Der bosnische Adel wurde zu einem engen

Verbündeten der Osmanen und wurde von den verschiedenen Sultanen oft für seine Integrität belohnt.

Nach Bosnien stand Mehmed II. vor seiner bisher größten Herausforderung. Anfang der 1460er Jahre war in Ostanatolien ein neuer muslimischer Herrscher aufgetaucht, der in der Region so viel Macht erlangte, dass er sich als Rivale von Sultan Mehmed etablierte. Sein Name war Uzun („der Lange") Hasan. Als Herrscher von Aq Qoyunlu, einem Fürstentum in Südostanatolien, besiegte Uzun Hasan schnell die angrenzenden Beyliks, errang schließlich sogar einen Sieg über die Timuriden und übernahm deren Gebiete in Mesopotamien und im Iran. Als Mehmed in Bosnien einmarschierte, hatte sich Uzun Hasans Territorium vom Persischen Golf bis zur Südküste des Schwarzen Meeres ausgedehnt, was ihn zu einem natürlichen Rivalen des osmanischen Sultans machte.

Der rasche Aufstieg von Aq Qoyunlu wurde schnell von anderen osmanischen Feinden, nämlich Ungarn und Venedig, bemerkt, die sich rasch mit dem Turkhäuptling verbündeten und ihn mit Gold und Waffen versorgten, um Krieg gegen die Osmanen zu führen. Die Invasion des letzten unabhängigen anatolischen Beyliks durch Mehmed II. löste schließlich den Konflikt zwischen den beiden Seiten aus. Zwischen 1468 und 1470 eroberte der osmanische Sultan Karaman und Dulkadir, die als Puffer zwischen seinem Reich und Aq Qoyunlu fungierten. Von den Christen und den Häuptlingen der Karamanen zum Krieg gegen Mehmed motiviert, mobilisierte Uzun Hasan seine Streitkräfte und erklärte 1472 den Krieg.

Der Plan war einfach. Uzun Hasan würde die Osmanen in Anatolien angreifen, die annektierten Beyliks befreien und sich Konstantinopel nähern, während die Venezianer mit ihrer Flotte für Ablenkung im westlichen Teil des Reiches sorgen würden. Mehmed II. hatte jedoch seit langem mit einer Invasion durch Uzun Hasan gerechnet und konnte die erfahrene osmanische Armee in vollem Umfang aufbieten. Mit einer Streitmacht von mindestens siebzigtausend Mann standen sich die beiden Anführer im August 1473 im Nordosten Anatoliens gegenüber. In der Schlacht von Otlukbeli konnten die Osmanen ihre technische Überlegenheit wirksam einsetzen und den Feind mit den neuesten Kanonen, die seit der Belagerung von Konstantinopel mehrfach verbessert worden waren, vernichtend schlagen.

Nach der Zerschlagung seines Heeres war Uzun Hasan gezwungen zu fliehen, doch die osmanische Kavallerie verfolgte den Feind über weite Strecken und machte nach der Schlacht schließlich Tausende von Gefangenen. Auf dem Rückweg der Osmanen nach Konstantinopel, das inzwischen in Istanbul umbenannt wurde, ließ Mehmed II. in verschiedenen Städten der türkischen Beyliks Hunderte von Aq Qoyunlus Männern hinrichten, um seinen Untertanen einmal mehr die Macht des Osmanischen Reiches zu demonstrieren.

Doch der osmanische Sultan war mit seinen Eroberungen noch nicht am Ende. Auch wenn die Aq Qoyunlu-Türken besiegt waren, hatten die christlichen Nationen Venedig und Genua, die in den letzten Jahrzehnten zu Rivalen der Osmanen geworden waren, immer noch erheblichen Einfluss in der Region. Venedig und Genua waren wohlhabende Staaten. Sie waren in der Lage, Söldnerarmeen mit hohen Summen zu bezahlen, damit sie für sie kämpften, und verfügten über die größten und mächtigsten Flotten im Mittelmeer. Sie hatten nicht nur die Inseln des Mittelmeers kolonisiert, sondern auch das Schwarze Meer erreicht, Handelsposten auf der Krim, im Kaukasus und in Nordanatolien eingerichtet und die Kontrolle über die wertvollen Seehandelsrouten übernommen.

Mehmed II. war sich der von ihnen ausgehenden Bedrohung bewusst und begann nach seinem Sieg über Uzun Hasan eine Reihe von Feldzügen gegen die italienischen Kolonien. Bis Ende 1475 gelang es ihm, die wertvollen Städte Sinope, Kaffa und Trapezunt von Genua zu erobern und gleichzeitig die Präsenz Venedigs auf dem Balkan durch die Einnahme von Teilen Albaniens und mehrerer Mittelmeerinseln zu verringern. Als Gegenleistung für den Frieden und das Recht, in den von den Osmanen kontrollierten Meeren Handel zu treiben, waren die italienischen Staaten gezwungen, dem osmanischen Sultan jährliche Tribute zu zahlen. Mehmed bot auch den Tataren Schutz, die die Halbinsel Krim bewohnten und formal unter der Kontrolle der Goldenen Horde standen. Mit der Krim auf seiner Seite und der Schwächung Venedigs und Genuas war der osmanische Sultan praktisch zum alleinigen Herrscher über den Seehandel im Schwarzen Meer und im östlichen Mittelmeer geworden.

Mehmed II., auch bekannt als Mehmed der Eroberer, war ein beeindruckender osmanischer Sultan, dem es gelang, das Reich auf eine völlig neue Ebene zu heben. Die Eroberung von Konstantinopel gehört natürlich zu seinen größten Erfolgen. Aber Mehmed II. unternahm auch große Anstrengungen, um das Reich gegen seine Feinde zu verteidigen und seinen Einfluss soweit auszudehnen wie kein anderer Sultan vor ihm. Als vielleicht erster absolutistischer Herrscher des Osmanischen Reiches legte er den Grundstein für die Schaffung einer moderneren, bürokratischen Herrschaft und half dem Reich, sich von seinen altmodischen, traditionellen Wurzeln zu durchaus europäischen Standards zu wandeln.

Mehmed II., der Disziplin und Loyalität schätzte, aber auch offen und tolerant war, wenn es nötig war, bleibt eine der interessantesten Figuren der osmanischen Geschichte. Vor seinem Tod im Jahr 1481, nach fast dreißig Jahren Herrschaft, plante Mehmed die Invasion Italiens und hatte sogar einen Stützpunkt in Otranto eingerichtet, um sein Ziel zu verfolgen, den Ruhm zurückzuerobern, den das Römische Reich einst besaß. Wer weiß, was geschehen wäre, wenn der noch recht junge Sultan – er wurde nur neunundvierzig Jahre alt – seine Pläne noch verwirklicht hätte.

Bayezid II.

Nach dem Tod von Mehmed II. befand sich das Osmanische Reich in einem kurzen Erbfolgekrieg zwischen seinen beiden ältesten Söhnen, Prinz Cem und Prinz Bayezid. Zum Zeitpunkt des Todes des Sultans gab es keinen designierten Erben, der die Nachfolge hätte antreten können, was die Situation erschwerte. Mehrere einflussreiche politische Persönlichkeiten gewannen die Unterstützung des in Istanbul stationierten Janitscharenkorps und töteten den Großwesir Mehmed Pascha, der als rechte Hand Mehmeds II. fungiert hatte und die Thronbesteigung von Prinz Cem befürwortete. Dies ermöglichte es Prinz Bayezid, sich zum neuen Sultan zu erklären, während Prinz Cem gezwungen war, seine Anhänger in der Stadt Bursa zu versammeln. Dort verkündete Prinz Cem, dass er der rechtmäßige Thronfolger sei, und schlug vor, dass er und sein Bruder das Reich in zwei Teile aufteilen sollten. Cem sollte Herrscher über Anatolien werden und Bayezid über den westlichen Teil der osmanischen Länder herrschen. Natürlich wurde dies von Bayezid nicht toleriert, der seine Armeen sammelte und seinen Bruder in der Nähe der Stadt Yenişehir herausforderte, wo er Cem besiegte und den Streit beendete – so dachte er zumindest.

Prinz Cem und einigen seiner mächtigen Anhänger gelang es, der Schlacht zu entkommen und in das Gebiet der Mamluken zu fliehen, wo sie politischen Schutz suchten. Dort versorgten die Mamluken den jungen Prinzen mit einer Armee, die groß genug war, um Bayezids Anspruch zu gefährden. Die Mamluken erkannten, dass ein Nachfolgestreit im Osmanischen Reich einen schwächeren Rivalen bedeutete, und versuchten, die Situation so gut wie möglich auszunutzen. Mit neuem Elan marschierte Prinz Cem 1482 von Syrien aus in Anatolien ein. Ihm schlossen sich einige lokale Fürsten an, die von Mehmed während seiner Eroberungen ihrer Titel beraubt worden waren und einen Groll gegen den Sultan hegten. Mit dem Versprechen, ihre Unabhängigkeit und Freiheit im Gegenzug für militärische Unterstützung wiederherzustellen, förderte Cem eine umfassende Rebellion des türkischen Adels gegen Bayezid und sah, wie seine Anhängerschaft wuchs, je näher er seinem Bruder kam.

Doch trotz seiner Bemühungen und trotz der Unterstützung der Mamluken und des türkischen Adels wurde Cems Armee mehrfach von Bayezid besiegt, vor allem in der Stadt Konya im Sommer 1482. Prinz Cem war nun gezwungen, auf die Insel Rhodos zu fliehen, die damals von den Johannitern besetzt war, da er befürchtete, sein Bruder würde ihn wegen Verrats hinrichten lassen.

So wurde Bayezid II. zum alleinigen Sultan des Osmanischen Reiches und konnte bis zu seinem Tod im Jahr 1512 das Reich, das ihm sein Vater hinterlassen hatte, festigen. Das heißt nicht, dass es in seiner Regierungszeit keine Kriege gegeben hätte. Im Gegenteil, seit Anfang 1484 sah sich Bayezid in einen Konflikt mit den Mamluken verwickelt, die nun der Hauptrivale des Osmanischen Reiches waren. Der Krieg dauerte bis 1491, dem Jahr, in dem die Mamluken um Frieden baten, um ihre inneren Probleme zu lösen. Dies bedeutete, dass die Osmanen zum ersten Mal die fast vollständige Herrschaft über die anatolische Halbinsel erlangten.

Bayezid II. führte auch einen Feldzug gegen die Europäer, besiegte die Moldauer im Norden und eroberte 1485 die wertvollen Festungen Kilia und Akkerman an der Westküste des Schwarzen Meeres. Dadurch wurde die Macht der Osmanen in der Region weiter gestärkt, so dass der Sultan seine Expansion in Osteuropa vorantreiben konnte. Das Osmanische Reich wurde in einen langen Krieg mit dem Königreich Polen verwickelt, der bis 1498 andauerte. Die Polen versuchten mehrmals, erfolgreiche Angriffe auf die türkischen Besitztümer in Moldau zu unternehmen, wurden aber schließlich 1497 in der Schlacht im Wald von Cosmin besiegt, was sie zum Friedensschluss zwang.

Im Jahr 1499 führte Bayezid Krieg gegen die Republik Venedig. Es gelang ihm schließlich, den italienischen Einfluss in Griechenland zu verringern, indem er wertvolle Burgen in Modon, Lepanto, Koroni und Navarino eroberte. Im Jahr 1503 wurden die Venezianer gezwungen, einen Friedensvertrag zu unterzeichnen, der sie dazu zwang, einen Großteil ihrer Kolonien im östlichen Mittelmeer aufzugeben. Damit kontrollierten die Osmanen den Handelsstrom vom Schwarzen Meer zum Mittelmeer, und die türkischen Häfen wuchsen nach den Erfolgen ihres Sultans rasch an Größe und Reichtum.

Neben seinen Kriegen verbesserte Sultan Bayezid II. auch das Verwaltungssystem des Osmanischen Reiches und trat damit erneut in die Fußstapfen seines Vaters. Während seiner Herrschaft achtete der Sultan darauf, sich mit Männern zu umgeben, denen er persönlich vertraute, ungeachtet ihres früheren Status in der Gesellschaft oder ihres Familiennamens. Alte türkische Aristokraten wurden bei der Besetzung von Regierungsposten ebenso berücksichtigt wie neue Gesichter, die über das Dewschirme-System kamen, das für Regierungsämter geeignete Untertanen aus den Balkanländern des Sultans rekrutierte. Das Dewschirme-System brachte eine beträchtliche Anzahl turkisierter Männer von edler christlicher Abstammung hervor, aber Bayezid war der erste Sultan, der sie in seiner Verwaltung effektiv einsetzte. Am Ende seiner Herrschaft gab es nicht nur viele Wesire der Dewschirme, die hochrangige Positionen innehatten, sondern sie fungierten auch als ausgleichender Kern zum türkischen Adel, der vor der Einführung des Systems weitgehend die Verwaltung dominiert hatte.

Bayezid II. räumte den Dewschirmen nicht nur mehr Einfluss ein, um ein besseres Gleichgewicht zwischen seinen Untertanen zu erreichen, sondern führte auch eine liberalere Wirtschaftspolitik ein, insbesondere nachdem der Erfolg seines Krieges mit Venedig den Zustrom von Reichtümern ins Reich stark erhöht hatte. Während der Herrschaft Mehmeds II. wurden die Steuern für alle Grundbesitzer erhöht, um die Kriegsanstrengungen zu finanzieren. Die Zolltarife waren hoch, und die Münzen wurden abgewertet. Bayezid hingegen senkte die Steuern für die Bauernschaft und verteilte die Ländereien neu, indem er sie denjenigen zurückgab, denen sie in der Vergangenheit entzogen worden waren. Auch die Zölle wurden gesenkt, um ausländische Händler zu ermutigen, die osmanischen Gebiete zu durchqueren, da das Reich die Handelsströme in der Region kontrollierte.

In der zweiten Hälfte seiner Regierungszeit kümmerte sich der Sultan weniger um die alltägliche Verwaltung des Reiches, sondern überließ diese Aufgabe seinem Großwesir. Stattdessen verbrachte er mehr Zeit in seinem Palast, da er sich für die Künste interessierte und sein Wissen erweitern wollte. In dieser Zeit förderte er die Schaffung von literarischen, musikalischen und künstlerischen Werken. Unter seiner Herrschaft wurden die ersten osmanischen Geschichtsmanuskripte von lokalen Historikern verfasst.

In seinen letzten Jahren sah sich der Sultan mit einer Herausforderung konfrontiert, die den Anfang vom Ende seiner Herrschaft markieren sollte. Zu Beginn des 16. Jahrhunderts tauchte im Osten eine neue Bedrohung auf: das persische Safawidenreich. Das Szenario war ähnlich wie in der Vergangenheit. Den Safawiden war es gelungen, die iranischen Gebiete unter ihrer Kontrolle rasch zu konsolidieren und schließlich Ostanatolien zu erreichen, wobei sie alle Gebiete auf ihrem Weg eroberten. Als schiitische Muslime und Anhänger der Sufismus-Bewegung stellten sich die Safawiden den Osmanen entgegen, nachdem diese 1504 die Kontrolle über Bagdad übernommen hatten und eine Bedrohung für das Fürstentum Dulkadir in der Osttürkei darstellten. Ihre Vertreter, hauptsächlich sufistische schiitische Imame (im Wesentlichen muslimische Priester), strömten in die osmanischen Gebiete und begannen, eine Gefolgschaft zu gewinnen, die sich unter den Türken einen Namen machte und 1511 eine Reihe von Aufständen anzettelte.

Zu diesem Zeitpunkt war Sultan Bayezid älter und schwächer geworden, was bedeutete, dass ein Wechsel in der Führung notwendig war, um mit den Safawiden fertig zu werden. Der Sultan verfolgte gegenüber den Iranern eine Beschwichtigungspolitik, die von vielen im Reich als feige angesehen wurde. Anfang 1512 überzeugte Prinz Selim, der jüngste der drei Söhne des Sultans, die Janitscharen, ihn beim Sturz seines Vaters zu unterstützen. Selim zwang Bayezid zur Abdankung, und der alte Sultan willigte ein, um Konflikte und ein mögliches Blutvergießen zu vermeiden. Er erklärte Selim zum neuen osmanischen Sultan und verließ Istanbul, um den Rest seiner Tage in Frieden zu verbringen. Leider starb er, bevor er sein Ziel erreichen konnte.

Selim der Grausame

Sultan Selim unterschied sich in fast allen Bereichen von seinem Vater, von der Persönlichkeit bis hin zu seinen Entscheidungen als

Herrscher. Im Gegensatz zu Bayezid, der trotz seiner Siege in den Kriegen gegen die christlichen Vasallen nie besonders kriegsfreudig war, verfolgte Selim eine aggressivere, expansivere Außenpolitik, die vor allem durch die Vorherrschaft der Safawiden im Osten und die jüngste Schwächung des osmanischen Einflusses in Anatolien bestimmt wurde. So ist die Herrschaft Selims durch die zunehmende Bedeutung der Janitschareninfanterie gekennzeichnet, die im 16. Jahrhundert den Kern der osmanischen Armee bildete und eines der wichtigsten Instrumente bei der Machtübernahme Selims Anfang 1512 gewesen war. Die Entscheidung, sich in hohem Maße auf die Janitscharen zu stützen, zahlte sich für den Sultan aus, der bereits in den ersten Monaten seiner Herrschaft mit äußeren Problemen konfrontiert wurde.

Im Osten hatten sich die Safawiden unter einem mächtigen Herrscher – Schah Ismail – vereinigt und Teile Ostanatoliens, Georgiens und Syriens erobert. Sie zwangen die besiegte Bevölkerung zum schiitischen Islam zu konvertieren, und bildeten bald den Kern der Armee des Reiches. Aufgrund ihrer berüchtigten roten Kopfbedeckung wurden sie als Kizilbash („Rothaarige") bekannt. Sie unterstützten Schah Ismail bei seinem Ziel, das historische persische Reich, das sich von Zentralasien bis Jerusalem erstreckte, wieder zu vereinen. So stießen die Interessen von Selim und Ismail direkt aufeinander, diesmal nicht nur als Oberhäupter zweier Reiche, sondern auch als Vertreter der beiden wichtigsten Zweige des Islam.

Bei seinen ersten Feldzügen in Ostanatolien stieß Selim auf den erbitterten Widerstand der schiitischen türkischen Bevölkerung in der Region. Der alleinige Sieg über die Kizilbasch-Truppen reichte nicht aus, um ihre Loyalität zu gewinnen. Selim glaubte, dass er diejenigen, die ihre Lebensweise geändert hatten und konvertiert waren, hart bestrafen musste, und begann, das nach der Eroberung durch die Safawiden entstandene soziale System zu zerstören. Die schiitischen Imame hatten gute Arbeit geleistet und in den traditionell sunnitischen Völkern Ostanatoliens weitgehend eine antisunnitische Stimmung erzeugt. Dennoch blieb Selim hartnäckig. Bei der Eroberung der verlorenen Provinzen und der Zerschlagung der safawidischen Garnisonen ließ er Tausende von Männern und Frauen hinrichten, deren Verhalten seiner Meinung nach ein Problem für seine Herrschaft darstellte.

Selims rücksichtsloser Feldzug dauerte bis 1514, als er schließlich in der Ebene von Chaldiran auf eine große Armee der Safawiden traf. In einer entscheidenden Schlacht gelang es Selim, die Safawiden zu vernichten, wobei er Schah Ismail verwundete und beinahe gefangen nahm, der daraufhin vom Schlachtfeld fliehen musste. Von den ursprünglich vierzigtausend Safawiden überlebten nur einige Tausend, was den Osmanen direkten Zugang zu weiteren Gebieten des Safawidenreiches verschaffte – eine Gelegenheit, die Sultan Selim schnell nutzte, dem es zum ersten Mal in der osmanischen Geschichte gelang, die ostanatolischen Provinzen zu vereinen und sogar Teile des Irak zu erobern. Dann stieß er weiter nach Osten in das heutige Aserbaidschan vor und eroberte die wichtige Stadt Täbris, wodurch die Präsenz der Safawiden in der Region erheblich reduziert wurde.

Eine Miniatur der Schlacht von Chaldiran

Im Anschluss an seine Siege unterbrach der Sultan seine Offensive für kurze Zeit, da er seine Truppen nach den monatelangen Kämpfen vermutlich überfordert hatte. Obwohl der Krieg mit den Safawiden offiziell noch nicht beendet war, hatte Selim zumindest die unmittelbare Gefahr einer weiteren Invasion abwenden können. Also richtete er seine Aufmerksamkeit auf den Süden, auf die Mamluken, die lange Zeit eines der stärksten muslimischen Reiche der Welt gewesen waren. Die Mamluken waren den osmanischen Herrschern schon immer ein Dorn im Auge gewesen, da sie jede Gelegenheit nutzten, um die Türken zu schwächen und ihren Einfluss in der umkämpften Grenzregion Kilikien zwischen Syrien und dem übrigen Anatolien zu vergrößern. Die Mamluken, denen die heiligen Stätten des Islams, Mekka und Medina, gehörten, waren traditionell sunnitische Muslime, aber Selim beschloss dennoch, Krieg gegen sie zu führen, da sie die schiitischen Safawiden bei der Eroberung der ostanatolischen Provinzen unterstützt hatten.

So führte Selim einen Feldzug gegen die Ägypter und marschierte Anfang 1516 in Syrien ein. Im August traf er nördlich von Aleppo auf ein großes Mamlukenheer von nicht weniger als sechzigtausend Mann und lieferte sich eine der entscheidendsten Schlachten der Geschichte, die das Schicksal des Nahen Ostens für die nächsten Jahrhunderte bestimmte. In der Schlacht von Mardsch Dabiq errangen die Osmanen dank ihrer überlegenen Truppen einen knappen Sieg über die Mamluken, töteten den Mamluken-Sultan Qansuh al-Ghuri und schlugen die ägyptische Armee in die Flucht. Ihr Sieg führte zur Einnahme mehrerer wichtiger Städte, darunter Aleppo, Damaskus und Jerusalem.

Ende 1516 erstreckten sich die osmanischen Eroberungen über die gesamte Ostküste des Mittelmeers, und Sultan Selim erreichte schließlich Anfang 1517 die mamlukische Hauptstadt Kairo, nachdem er die restlichen mamlukischen Streitkräfte in der Schlacht von Ridaniya besiegt hatte. Die Osmanen hatten den neuen mamlukischen Sultan Tuman Bay II. in der Schlacht getötet und waren mit seinem Kopf auf einem Spieß zu den Mauern von Kairo gekommen.

So fiel auch Kairo an die Osmanen, gefolgt vom übrigen Ägypten und den letzten Besitzungen des Mamluken-Sultanats. Nach der Eingliederung all dieser Gebiete in sein Reich war Sultan Selim der erste osmanische Herrscher, der das Osmanische Reich über drei Kontinente (Europa, Asien und Afrika) ausdehnte. Es war nun unangefochten der mächtigste islamische Staat der Welt und besaß schließlich die heiligen Stätten Mekka und Medina.

Dies war ein entscheidender Moment in der osmanischen Geschichte. Dank Selims Bemühungen umfasste das Reich nun das größte Gebiet, das es je kontrolliert hatte. Die Siege gegen die Safawiden und die Eroberung der Mamluken sicherten den Aufstieg des Osmanischen Reiches zum vielleicht mächtigsten Reich der Welt. Selim hatte ein Reich geschaffen, dessen Vorherrschaft aufgrund seiner starken, modernen und disziplinierten Armee, die über jahrelange Felderfahrung verfügte, nur schwer anzufechten sein würde. Seine strenge und rücksichtslose Art trug ebenfalls positiv zur Etablierung der Autorität des Sultans bei. Sultan Selim ist wegen seiner furchtbaren Persönlichkeit als „der Grausame" bekannt geworden, aber er war dennoch eine Schlüsselfigur in der Geschichte des Osmanischen Reiches.

Süleyman der Prächtige und Goldene Zeitalter der Osmanen

Prinz Süleyman (auch Suleiman geschrieben) bestieg den Thron nach dem Tod von Selim im Jahr 1520. Der verstorbene Sultan hatte dafür gesorgt, dass es nach seinem Tod keine Nachfolgeprobleme geben würde. Sobald er selbst Sultan geworden war, tötete er viele seiner Familienmitglieder und ließ nur Süleyman als seinen wahren Nachfolger am Leben. So wurde der sechsundzwanzigjährige Süleyman ohne Schwierigkeiten zum neuen Sultan.

Während seiner Herrschaft erreichte das Osmanische Reich den Höhepunkt seiner Macht und wurde zur gefürchtetsten Macht der Welt. Aufgrund seiner unglaublichen militärischen, diplomatischen, sozialen und wirtschaftlichen Leistungen als Sultan wird Süleyman für immer als „der Prächtige" in Erinnerung bleiben. Er war vielleicht der größte Herrscher der osmanischen Geschichte.

Nach der Übernahme des von seinem Vater stark vergrößerten Reiches versuchte Süleyman, die Gewinne in den asiatischen und afrikanischen Gebieten zu konsolidieren und auch in Europa weiter zu expandieren. Er behauptete seine Vorherrschaft über Ungarn, was den Osmanen schließlich Zugang zum Herzen des Kontinents verschaffen sollte. Das Wiederaufflammen des Heiligen Krieges war nur der erste Schritt auf dem Weg zur Weltherrschaft, die sein Vater angestrebt hatte.

Der Einmarsch in Ungarn war durch mehrere Entwicklungen in Europa im 16. Jahrhundert gerechtfertigt, die die Stärke des Kontinents insgesamt geschwächt hatten. Vor allem die protestantische Reformation, die sich rasch in den deutschen Fürstentümern des Heiligen Römischen Reiches ausbreitete, führte dazu, dass die Bevölkerung den katholischen europäischen Staaten aufgrund neuer religiöser Unterschiede und Gedanken zunehmend feindlich gegenüberstand. Die Reformation hatte die Ausrufung eines neuen Kreuzzuges gegen die Osmanen praktisch unmöglich gemacht. Und die Osmanen unter Sultan Süleyman versuchten, aus den religiösen Unruhen der Christen Kapital zu schlagen, indem sie den Protestantismus in Ungarn förderten, das für eine Invasion offen war, zumal es von seinen langjährigen christlichen Verbündeten nicht unterstützt wurde.

Im Jahr 1521 führte Süleyman einen Feldzug gegen die übrigen christlichen Völker auf dem Balkan und eroberte im August Belgrad, wodurch er die Kontrolle über die Straßen nach Südungarn erlangte. Dann schloss der Sultan in einer schockierenden Aktion ein Bündnis mit König Franz I. von Frankreich. Die Franzosen hatten feindliche Beziehungen zu den Habsburgern, die nicht nur das Heilige Römische Reich, sondern auch Ungarn kontrollierten. Das Bündnis erhöhte den Druck auf das Haus Habsburg, das im Grunde genommen der gemeinsame Feind der Osmanen und der Franzosen war.

Nach der Einnahme von Belgrad marschierte Süleyman auf die Insel Rhodos und eroberte sie schließlich im Januar 1522 von den Johannitern. Diese hatten den osmanischen Herrschern wegen ihrer engen Beziehungen zu den Feinden der Osmanen schon lange Sorgen bereitet.

Süleyman (oder Suleiman) der Prächtige
https://commons.wikimedia.org/wiki/File:EmperorSuleiman.jpg

Drei Jahre später brach die Rivalität zwischen Franz I. und Karl V., Kaiser des Heiligen Römischen Reiches, zu einem regelrechten Krieg aus, und der Sultan wurde nach der Gefangennahme des französischen Königs im Sommer 1525 zu Hilfe gerufen. Süleyman stieß in die von den Habsburgern kontrollierten ungarischen Gebiete vor. Mit der Niederlage König Ludwigs II. von Ungarn in der entscheidenden Schlacht von Mohács im August 1526 zerschlug Sultan Süleyman das ungarische Heer und besiegelte das Schicksal des ungarischen Staates. Nachdem ihr König auf dem Schlachtfeld gefallen war, fielen die ungarischen Städte eine nach der anderen. Im September plünderten Süleymans Truppen vor allem die Stadt Buda und eroberten einen Großteil der südungarischen Gebiete. Der osmanische Sultan wollte sogar Wien einnehmen, das er bei der Wiederaufnahme seines Feldzuges 1529 auch belagerte. Er war jedoch gezwungen, die Belagerung im Oktober aufgrund extremer Witterungsbedingungen, die zu Versorgungsproblemen für seine Armee führten, aufzugeben. Nichtsdestotrotz dehnte Sultan Süleyman bis 1530 sein Reich nach Osteuropa aus und nutzte die Schwäche der christlichen Welt.

Als Nächstes wollte er die Seeherrschaft im Mittelmeer erlangen, wo Venedig und Genua trotz der Verluste ihrer Kolonien im späten 15. Jahrhundert immer noch eine Vormachtstellung innehatten. Bekanntlich ernannte Süleyman Chaireddin Barbarossa, einen ehemaligen Korsaren, zu seinem Admiral und betraute ihn mit der Flotte, die die Meere von den Italienern übernehmen sollte. Unter der Führung von Chaireddin Barbarossa eroberten die osmanischen Streitkräfte 1534 Tunis und übernahmen die Kontrolle über den größten Teil der nordafrikanischen Küste. 1538 besiegte Chaireddin Barbarossa eine von Papst Paul III. einberufene christliche Koalition aus Venedig und Neapel in der Seeschlacht von Preveza entscheidend, obwohl die Christen zahlenmäßig im Vorteil waren. Mit dem Sieg bei Preveza und der Eroberung der von den Venezianern gehaltenen Insel Korfu ein Jahr zuvor durch die gemeinsamen osmanisch-französischen Streitkräfte konnte Süleyman seine Vorherrschaft im Mittelmeer endgültig behaupten und zwang Venedig 1540 zu einem Friedensangebot.

Nachdem er sein Reich in Europa durch die Eroberung von Teilen Ungarns und Kroatiens, einschließlich der Stadt Budapest, vergrößert und die Vormachtstellung der Venezianer im Mittelmeer untergraben hatte, hatte Sultan Süleyman endlich Zeit, sich mit einem anderen seiner Probleme zu befassen: den Safawiden. Die Safawiden waren nach Selims

Siegen über sie weitgehend in den Iran zurückgedrängt worden, aber schiitische Muslime gab es noch im Irak, in Aserbaidschan und im Südkaukasus, die direkt an osmanische Gebiete grenzten. Da der offizielle Friedensvertrag zwischen den beiden Seiten nie unterzeichnet worden war, kam es regelmäßig zu kleineren Scharmützeln zwischen den Osmanen und den Safawiden, die der Sultan ein für alle Mal beenden wollte. Darüber hinaus versuchten einige europäische Nationen wie Portugal, Spanien und Venedig, die sich über die wachsende Macht der Osmanen im Mittelmeerraum und im Nahen Osten beunruhigt fühlten, die Situation auszunutzen, indem sie sich mit den Safawiden arrangierten, in der Hoffnung, die osmanische Macht in den umstrittenen Regionen zu schwächen.

Um die Safawiden wirklich aus Mesopotamien und dem Nahen Osten zu verdrängen, hielt der Sultan eine Offensive auf Bagdad und Basra für die beste Vorgehensweise, die es den Osmanen ermöglichen würde, den Persischen Golf zu erreichen und die Europäer und Safawiden im Indischen Ozean leichter herauszufordern, während sie dem Reich gleichzeitig neue Handelsmöglichkeiten eröffneten.

Im Jahr 1533 begann Sultan Süleyman parallel zu seinem Krieg gegen die Venezianer seinen Feldzug im Iran. Doch die Safawiden, die aus ihrer vernichtenden Niederlage gegen Sultan Selim in Chaldiran gelernt hatten, beschlossen, sich dem mächtigen osmanischen Heer nicht auf offenem Feld zu stellen. Stattdessen zogen sie sich unter der Führung von Schah Tahmasp aus ihren westlichsten Gebieten zurück und verfolgten eine Politik der verbrannten Erde, indem sie alles niederbrannten, was von den Osmanen hätte genutzt werden können. Die Safawiden hofften, dass Süleyman seine Meinung ändern und seine Offensive einstellen würde.

Trotz aller Bemühungen weigerte sich Sultan Süleyman jedoch, umzukehren, und marschierte 1534 in Aserbaidschan ein. Die Osmanen errichteten ihre Herrschaft über die Stadt Täbris wieder, bevor sie nach Süden schwenkten und Mesopotamien eroberten, einschließlich der Stadt Bagdad, die im November ohne große Kämpfe in osmanische Hände fiel.

Mit Bagdad und Täbris konsolidierte Sultan Süleyman seine östlichsten Besitzungen. Das Osmanische Reich hatte nun die Kontrolle über die wichtigsten Städte westlich des Kaspischen Meeres und beherrschte die historische Region der Levante. Das Osmanische Reich sollte diese Gebiete bis zum Ersten Weltkrieg halten. Trotz der Übernahme dieser Gebiete konnte Sultan Süleyman den Kern des safawidischen Iran nicht zerstören, und er wollte nicht riskieren, sich im Osten zu sehr auszudehnen, während er andere Feldzüge im Mittelmeerraum führte.

Also beschloss der Sultan zu warten. Während die Scharmützel zwischen den Osmanen und den Safawiden andauerten, fiel 1548 erneut eine große osmanische Streitmacht in das Land der Safawiden ein. Diesmal hoffte Süleyman, die Safawiden, die in dynastische Kriege verwickelt waren und innenpolitische Probleme hatten, ausnutzen zu können. Alqas Mirza, der Bruder von Schah Tahmasp, war zu den Osmanen geflohen, um politisches Asyl zu erbitten, und drängte den Sultan, für seinen Anspruch auf den safawidischen Thron in den Krieg zu ziehen.

Diese Expedition war jedoch von Anfang an zum Scheitern verurteilt. Süleyman führte seine Männer nicht selbst an, sondern überließ die Kontrolle über seine Armee Alqas Mirza, der kein besonders guter Befehlshaber war. Die Safawiden wehrten die osmanischen Feldzüge bis 1555 ab, als beide Seiten den Vertrag von Amasya unterzeichneten, der den mehr als ein halbes Jahrzehnt andauernden Krieg endgültig beendete. Gemäß den Bestimmungen des Vertrags teilten beide Seiten Armenien und Georgien zu gleichen Teilen auf. Die Safawiden gewannen auch die Kontrolle über ihre ehemalige Hauptstadt Täbris zurück, während die Osmanen ihre irakischen Eroberungen, einschließlich der Städte Mosul, Bagdad und Basra, behielten.

Es ist nicht verwunderlich, dass Sultan Süleyman von seinen Zeitgenossen aufgrund seiner Leistungen als „der Prächtige" bezeichnet wurde. Zum Zeitpunkt seines Todes im Jahr 1566 war er der bei weitem mächtigste Mann in Europa. Das Osmanische Reich erstreckte sich über den Balkan, Anatolien, die Levante, den Hedschas und die nordafrikanische Küste. Das Reich hatte Vasallen in der Walachei, Moldau, Georgien und Siebenbürgen. Süleyman gelang es, auf den Eroberungen seines Vaters aufzubauen, seine Macht in den neu erworbenen Gebieten weiter zu festigen und weiter nach Europa vorzudringen als alle seine Vorgänger. Dabei nutzte er geschickt die soziopolitischen Unruhen in den christlichen Nationen, die sich den Osmanen seit jeher widersetzt hatten. Durch den Aufbau einer mächtigen Armee und erstmals auch einer mächtigen Marine war Sultan Süleyman sicherlich einer der bedeutendsten und prächtigsten osmanischen Herrscher.

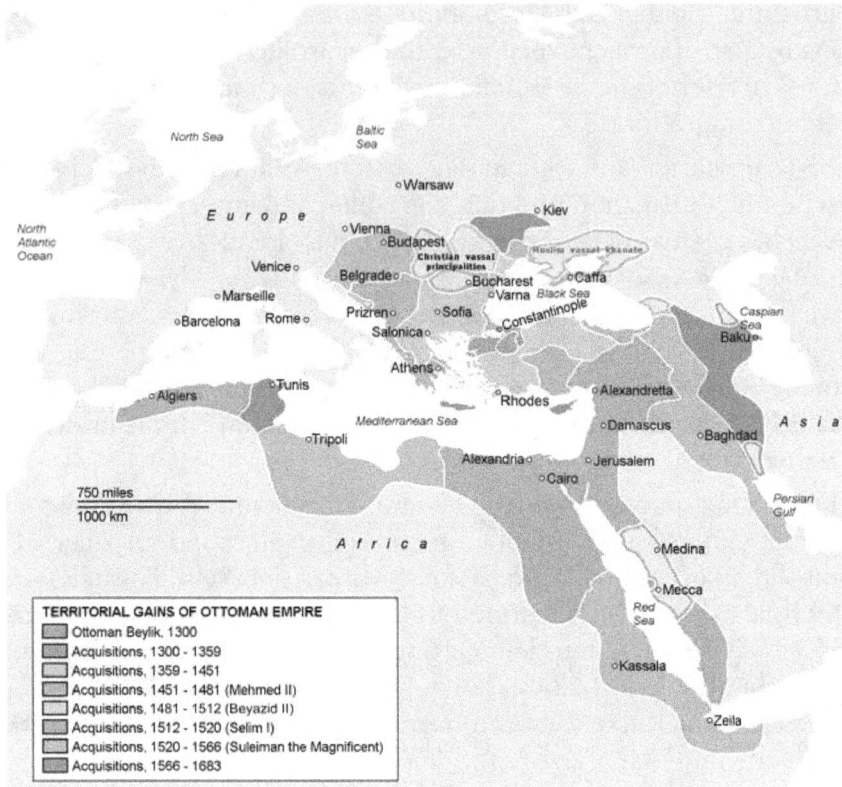

Ausdehnung des Osmanischen Reiches

https://commons.wikimedia.org/wiki/File:OttomanEmpireIn1683.png

Süleyman ist jedoch nicht nur wegen seiner territorialen Eroberungen in Erinnerung geblieben. Während er im Westen als „der Prächtige" bekannt war, wurde er in seinem Reich aufgrund der sozialen und rechtlichen Reformen, die er während seiner Herrschaft durchführte, oft als „der Gesetzgeber" bezeichnet. Obwohl er die heilige Scharia, das islamische Gesetz, das lange Zeit eine der Grundlagen des Reiches gewesen war, nicht wesentlich veränderte, führte Sultan Süleyman ein neues, kohärenteres Gesetzbuch ein, das auf Traditionen aufbaute und gleichzeitig Änderungen vornahm, die für sein Reich geeignet waren. Seine Kanuns („dynastische Gesetze") betrafen viele Aspekte des täglichen Lebens und verbesserten die Verwaltungssysteme, z. B. das Steuer- und Strafrecht. Diese Änderungen trugen effektiv zum wirtschaftlichen und sozialen Wachstum des Reiches bei und brachten es zu neuen Höhenflügen.

Neben den Rechtsreformen leistete Sultan Süleyman einen großen Beitrag zur Entwicklung von Kunst und Kultur im Osmanischen Reich. Als Bewunderer der Literatur und Dichter erlebte das Osmanische Reich unter seiner Herrschaft ein goldenes Zeitalter der muslimischen Kultur. Der Sultan lud verschiedene Künstler in seinen Palast ein, um an verschiedenen Projekten zu arbeiten, und ermutigte die Jugend, bei erfahreneren Künstlern in die Lehre zu gehen und ihre Laufbahn zu beschreiten, um die osmanische Kultur weiter zu bereichern. Der Sultan begann, den Bau mehrerer Moscheen, Aquädukte und architektonischer Komplexe zu finanzieren, und bezahlte auch Handwerker, Maler und Schriftsteller direkt aus der Staatskasse. Die berühmte Süleymaniye-Moschee in Istanbul und die Moschee von Edirne, die beide zu großen Symbolen für den Wohlstand des Osmanischen Reiches unter Sultan Süleyman wurden, gehören zu den beeindruckendsten osmanischen Bauwerken, die direkt auf Süleyman zurückgehen. Sie faszinieren die Besucher auch heute noch.

Alles in allem gibt es nur wenige Herrscher in der Geschichte, die so viel Lob verdienen wie Sultan Süleyman der Prächtige, der diesen Titel auch wirklich verdient hat. Er erhob das Osmanische Reich in den Rang einer globalen Supermacht. Als kluger Diplomat, großartiger Stratege, eifriger Reformer und edler Mensch ist das Vermächtnis von Sultan Süleyman voll von Ruhm und Wohlstand.

Leider waren die Osmanen nach dem Höhepunkt, den das Reich während der Herrschaft Süleymans erreicht hatte, dazu verdammt, eine Zeit der Instabilität und des Rückschritts zu erleben, was langsam zu ihrem Niedergang beitragen sollte.

Kapitel Fünf – Der Niedergang des Reiches

Innerhalb von 150 Jahren entwickelte sich das Osmanische Reich von einer regionalen Macht zu einer globalen Vormacht. Zum Zeitpunkt des Todes von Sultan Süleyman im Jahr 1566 erstreckte sich das Reich über drei Kontinente, verfügte über eine riesige Armee und eine schlagkräftige Marine, kontrollierte einige der wertvollsten Handelsrouten der Welt und war von seinen Rivalen gefürchtet. Die Historiker sind sich jedoch einig, dass der Niedergang des Osmanischen Reiches nach Süleyman langsam begann, als sein Sohn Selim II. regierte, der dem Namen seines Vaters nicht einmal teilweise gerecht werden konnte.

Dieses Kapitel befasst sich mit der turbulenten Zeit nach der Herrschaft von Sultan Süleyman und untersucht einige der Ursachen für den langsamen Niedergang des Reiches.

Alte Kriege, neue Feinde

Der verstorbene Sultan hatte seinen zweitältesten Sohn Selim zu seinem Nachfolger ernannt, der auch sein Lieblingssohn gewesen war. Vielleicht war dies Süleymans schlechteste Entscheidung, denn Selim war seinem Vater in fast keiner Hinsicht ähnlich. Ihm fehlte der Charme, der Fleiß und die Charakterstärke Süleymans. Stattdessen wurde der neue Sultan wegen seiner Vorliebe für Wein und Frauen oft Sarhoş genannt, was „Trunkenbold" bedeutet. Da Selim die meiste Zeit mit Trinken und Feiern verbrachte, wurde der Hof durch Sokollu

Mehmed Pascha geprägt, der Großwesir von Sultan Süleyman gewesen war und Selim in jungen Jahren mit aufgezogen hatte. Darüber hinaus wurde Selims Einfluss auch durch seine Lieblingsfrau Nurbanu untergraben, die oft im Namen ihres Mannes Entscheidungen traf. Aufgrund dieser sorglosen Regierungsführung ist Selim nicht gerade als ein guter Sultan in Erinnerung geblieben.

Dennoch wurde in den ersten Jahren der Herrschaft Selims II. die osmanische Expansionspolitik fortgesetzt, die inzwischen zur Tradition des Reiches geworden war. Die osmanischen Armeen zogen in den Jemen und stellten 1568 die Herrschaft des Sultans auf der südlichen arabischen Halbinsel wieder her, wodurch das Reich mehr Kontrolle über das Rote Meer erhielt. Als Nächstes versuchten die Osmanen, die Stadt Astrachan nördlich des Kaspischen Meeres einzunehmen, um die Reichweite des Reiches über den Kaukasus hinaus zu erweitern. Trotz aller Bemühungen war jedoch von Beginn des Feldzugs an klar, dass die Osmanen zu weit gingen, da sie sich bei ihren Offensiven in Regionen, in denen der iranische und russische Einfluss am stärksten war, in hohem Maße auf ihre Vasallen auf der Krim stützten. So gaben die Osmanen schließlich ihre Hoffnungen auf und richteten ihre Aufmerksamkeit stattdessen auf die Insel Zypern, die seit langem als sicherer Hafen für Piraten im Mittelmeer diente.

Im Jahr 1571 fiel Zypern an Selim, doch statt zu einer Konsolidierung der osmanischen Macht in der Region zu führen, führte der Fall Zyperns zur Gründung einer weiteren Heiligen Liga gegen die Osmanen. Der Fall Zyperns entfachte erneut die Kriege zwischen dem Osmanischen Reich und den Habsburgern sowie zwischen den Osmanen und den Venezianern, die den Christen eine ausreichend große Flotte zur Verfügung stellten, um einen Angriff von See auf die Türken zu unternehmen. Im Oktober 1571 stellten die Christen den osmanischen Schiffen bei Lepanto an der griechischen Küste eine Falle, zerstörten den Großteil von Selims Flotte und errangen einen entscheidenden Sieg. Die Schlacht von Lepanto war eine der größten Niederlagen in der osmanischen Geschichte und führte zu einem Verlust der Moral der osmanischen Streitkräfte. Dennoch waren die Ressourcen des Reiches immens, selbst wenn man sie mit der geballten Kraft der Heiligen Liga vergleicht. Voller Wut über die Niederlage ordnete Selim den vollständigen Wiederaufbau seiner Flotte an und schlug innerhalb eines Jahres fulminant gegen die Christen zurück. Die osmanischen Marineangriffe auf Venedig veranlassten Venedig 1573, unabhängig von der Heiligen Liga um Frieden zu ersuchen, so dass die anderen Städte ohne ihren mächtigsten Verbündeten dastanden.

Selim II. starb 1574, und der Thron fiel seinem Sohn Murad III. zu, der einundzwanzig Jahre lang regierte. Murad III. war seinem Vater sehr ähnlich, denn er hatte während seiner Zeit als Sultan Dutzende verschiedener Konkubinen und einigen Erzählungen zufolge mehr als hundert Söhne und Töchter. Dies führte natürlich zu Rivalitäten im Harem des Sultans – dem Teil des Haushalts, der für die Frauen der Familie reserviert war –, da verschiedene Ehefrauen, Konkubinen und ihre Kinder darum kämpften, Murads Liebling zu werden. Diese Rivalitäten, die im Wesentlichen aus Eifersucht entstanden, führten schließlich zur Bildung von Fraktionen am Hof des Sultans. Die Fraktionen versuchten, Murad zu beeinflussen, wenn es um wichtige politische Angelegenheiten ging.

In der ersten Zeit seiner Herrschaft stützte sich Sultan Murad stark auf seinen Großwesir Sokollu Mehmed, der auch schon unter Selim II. als Großwesir gedient hatte. Dank der Bemühungen von Sokollu Mehmed, einer klugen politischen Figur, konnte das Osmanische Reich in den ersten Jahren der Regierungszeit von Murad III. mehrere Triumphe feiern. Der Großwesir sorgte dafür, dass die Friedensverträge mit den europäischen Rivalen des Reiches – den Habsburgern, Venedig und Polen – verlängert wurden, und begann einen militärischen Feldzug in Nordafrika, um 1576 in Marokko einzumarschieren und es erfolgreich zu besetzen. Diese Eroberung gab Murad nicht nur die Kontrolle über die gesamte nordafrikanische Küste, sondern verschaffte den Osmanen auch mehr Seemacht im Mittelmeer. Sie ermöglichte es den Osmanen, die Portugiesen, Spanier und Franzosen im westlichen Mittelmeerraum zu untergraben, was schließlich dazu führte, dass das Reich 1580 ein Handelsabkommen mit England schloss, das es englischen Kaufleuten gestattete, in den osmanischen Gebieten relativ frei Geschäfte zu machen. Sokollu Mehmed sah England als Rivalen all dieser westeuropäischen Nationen und glaubte daher, dass gute Beziehungen zu den Engländern es den Osmanen ermöglichen würden, wieder zum dominierenden Handelspartner in der Region zu werden.

Der Großwesir sollte während des ehrgeizigen militärischen Feldzugs zur Invasion des safawidischen Irans, der 1578 begann, sein Ende finden. Obwohl Sokollu Mehmed persönlich gegen eine Expedition so weit nach Osten war, hatten die Fraktionen am Hof des Sultans Murad davon überzeugt, die Schwäche des Safawidenstaates auszunutzen und die einst von Sultan Süleyman eroberten Gebiete zu übernehmen. Der Sultan wurde vor allem von den Ulama, den muslimischen Gelehrten, die sich auf das islamische Recht spezialisiert hatten und die schiitischen Safawiden als traditionelle Feinde des Reiches betrachteten, beeinflusst. So begannen die osmanischen Streitkräfte einen massiven Feldzug in die vom Iran kontrollierten Gebiete und gewannen die Kontrolle über Georgien und Armenien, die durch den Vertrag von Amasya 1555 geteilt worden waren. Die Osmanen gewannen auch die kaukasischen Provinzen Dagestan, Schirwan und Karabach.

Ein Jahr später, im Oktober 1579, wurde der Großwesir jedoch von seinen Rivalen am Hof ermordet, die vielleicht neidisch auf seine Erfolge im Krieg gegen die Safawiden waren. Der Konflikt zwischen den Osmanen und den Safawiden dauerte jedoch noch zehn Jahre an, bis Murad III. den iranischen Herrscher Schah Abbas 1590 dank der Unterstützung der sunnitischen Usbeken, die die Safawiden von Nordosten her angriffen, zu einem Friedensangebot zwang. Die Osmanen übernahmen die westlichsten Gebiete der Safawiden, und die bei diesem Feldzug erbeuteten Reichtümer füllten die königliche Schatzkammer wieder auf.

Interne Probleme

Diese relativen Erfolge bei den Feldzügen verdeckten die zahlreichen internen Probleme, mit denen das Osmanische Reich konfrontiert war. Wir haben bereits auf die Probleme bei der Verwaltung und Führung des Reiches hingewiesen, da sich am Hof verschiedene Fraktionen gebildet hatten, die versuchten, sich gegenseitig die Macht zu entreißen, um die Gunst des Sultans zu gewinnen und die wichtigsten politischen Entscheidungen zu treffen. Die Wurzeln dieser Probleme lagen jedoch weit tiefer als Haremsrivalitäten und die Vorlieben des Sultans. Stattdessen lag das Problem zum Teil im korrupten bürokratischen System des Reiches, das nun mehr denn je aus Opfern der Dewschirme (Knabenzins) statt aus dem türkischen Adel bestand. Die Korruption breitete sich wie ein Lauffeuer aus, und verschiedene Akteure versuchten, hinter den Kulissen ihren Einfluss auf den Sultan geltend zu machen. Es spielte keine Rolle, wer genau die Regierung kontrollierte, da das Osmanische Reich von Natur aus ein autokratisches Reich war, was bedeutete, dass der Herrscher unbegrenzte Macht hatte. Ein schwacher Sultan bedeutete ein schwaches Reich.

Gegen Ende des 16. Jahrhunderts geriet das Reich in wirtschaftliche Schwierigkeiten. Zwar hatten die Osmanen durch ihre Eroberungen ihre Präsenz im Mittelmeerraum und im westlichen Indischen Ozean ausgebaut, doch mit dem Beginn des Zeitalters der Entdeckungen verlagerten sich die internationalen Handelsrouten bald aus den von den Osmanen kontrollierten Gebieten. Viele katholische Gruppierungen trauten den muslimischen Osmanen nicht, wenn sie versuchten, Handel mit Asien zu treiben, und suchten stattdessen nach neuen Routen zu den asiatischen Märkten, die die osmanischen Besitzungen umgingen. Die totale Kontrolle des Osmanischen Reiches über den Nahen Osten war einer der Gründe für die Bemühungen der Spanier, Portugiesen, Engländer, Niederländer und Franzosen, in die Erforschung der Welt zu investieren, da sie hofften, Konfrontationen mit den Osmanen beim Handel zu vermeiden. Mit der Entdeckung und Erschließung neuer Märkte in Amerika und Asien begann die osmanische Wirtschaft schon bald zu schrumpfen.

Diese Entwicklungen führten zu wirtschaftlichen Problemen im Reich, von denen ein Großteil der osmanischen Bevölkerung betroffen war, insbesondere die Menschen, die von Löhnen abhängig waren. Die Inflation stieg sprunghaft an, da der osmanische Markt nicht mit den ständig wachsenden europäischen Volkswirtschaften mithalten konnte, und die traditionellen Gewerbe begannen, in ihrer Leistungsfähigkeit nachzulassen. In Verbindung mit dem hohen Maß an Korruption und der Ausbeutung von Eigentum und Arbeitskräften durch mächtige osmanische Beamte führten die wirtschaftlichen Turbulenzen des Reiches zu einer Vielzahl sozialer Probleme, die viele in die Armut trieben. Leider fiel dies mit einem hohen Bevölkerungswachstum zusammen, was bedeutete, dass immer mehr Menschen geboren wurden, die jedoch mit sehr harten Lebensbedingungen konfrontiert waren, insbesondere auf dem Land. Die landwirtschaftliche Produktion stagnierte, und die Unterbezahlung der Bauern führte zu einer Nahrungsmittelknappheit im ganzen Reich, so dass viele in die Städte flüchteten, um zu überleben, was wiederum zu Unruhen in den Städten führte und die Kriminalität erhöhte.

Das Ignorieren dieser Probleme verschlimmerte sie nur noch, denn die armen, hungernden Bauern, die zu Kriminellen wurden, organisierten sich in Banden. Sie terrorisierten das ländliche Gebiet und trugen weiter zur Instabilität des Reiches bei. Sie wurden als Celali bezeichnet und waren sehr gefährlich, da sie eine Bedrohung für die

Versorgungsketten darstellten und die Garnisonen aufgrund ihrer zahlenmäßigen Überlegenheit schwächten. Die Celali-Aufstände, die vom späten 16. bis zur Mitte des 17. Jahrhunderts im ganzen Land immer wieder ausbrachen, schwächten die Zentralregierung und führten zu einer fast vollständigen Desorganisation des osmanischen Militärs.

In der zweiten Hälfte der Regierungszeit Murads III. konnte er den Unterhalt seiner Führungsschicht und seines Janitscharenkorps, das jahrhundertelang den Großteil der osmanischen Armee ausgemacht hatte, nicht mehr bezahlen. Stattdessen musste er sich in hohem Maße auf unerfahrene, kostengünstigere Truppen stützen, die er in Notzeiten aufbieten konnte, sowie auf die von seinen Vasallen bereitgestellten Krimtruppen. Aufgrund all dieser Probleme war Murads Sieg im Iran von entscheidender Bedeutung für die Aufrechterhaltung der Kontrolle über das Reich, das sich insgesamt in einer sehr schwierigen Lage befand.

Mehmed III. und Ahmed I.

So setzte sich der allmähliche, schmerzhafte Niedergang des Osmanischen Reiches von innen heraus auch nach der Herrschaft von Sultan Süleyman fort. Obwohl der Sieg Murads III. über die Safawiden für die Osmanen eine vorübergehende Erleichterung darstellte, bedeutete dies keineswegs, dass alle Probleme verschwinden würden. Was das Reich brauchte, war eine umfassende Reform, eine Reihe von Veränderungen, die fast jeden Aspekt des osmanischen Lebens betrafen und die innenpolitische Situation grundlegend verändern sollten. Tatsächlich gab es Mitte des 17. Jahrhunderts die ersten osmanischen Sultane, die den Eifer besaßen, einige der Probleme des Reiches anzugehen, doch bevor dies geschah, bestiegen Mehmed III. und Ahmed I. den Thron. Während der Regierungszeit beider Sultane fanden wichtige Entwicklungen statt, die die Osmanen weiter schwächten.

Mehmed III., der Sohn von Murad III., wurde 1595 nach dem Tod seines Vaters zum neuen Sultan. Der exzentrische, strenge und an der Grenze zum Wahnsinn stehende Mehmed III. begann seine Herrschaft damit, dass er die Hälfte seiner Familie abschlachtete, da er ihr nicht traute, obwohl es möglich ist, dass er unter dem Einfluss der etablierten Fraktionen im Harem stand. Ähnlich wie sein Vater sollte auch der Großwesir unter Mehmeds Herrschaft seine Macht stark ausbauen.

Anfang 1596 führte Mehmed einen Krieg gegen zwei seiner europäischen Vasallen, Moldau und die Walachei, die zunehmend unter den Einfluss der Habsburger gerieten und sich von der osmanischen Herrschaft lösen wollten. Da es den Osmanen nicht gelang, die Vasallen auf Anhieb zu besiegen, baten sie die Krimtataren um militärische Hilfe, was wiederum das Königreich Polen veranlasste, zu intervenieren. Die Polen waren der Ansicht, dass die Muslime eine Bedrohung für die Sicherheit in der Region darstellten. Trotz der Celali-Aufstände und der polnischen Verteidigung der Christen gegen die tatarischen Invasionen im Norden errangen die Armeen von Mehmed III. im Laufe des Jahres 1596 mehrere Siege gegen die Habsburger, vor allem in der Schlacht von Keresztes gegen den Erzherzog Maximilian III. im Oktober.

Mehmed war jedoch nicht in der Lage, die Kontrolle über die walachischen und moldauischen Gebiete zu erlangen, da die Unruhen in der Heimat es unmöglich machten, externe Kriege zu führen. Die osmanische Armee war unorganisiert und schwach, was sich in den Kriegen gezeigt hatte und in Zukunft ausgenutzt werden konnte. Vorübergehend wurde Ordnung geschaffen, aber es war klar, dass die osmanische Macht in der Region früher oder später schwinden würde.

Im Jahr 1603 wurde Mehmed III. von seinem Sohn Ahmed I. abgelöst, nachdem er einen plötzlichen Schlaganfall erlitten hatte. Der dreizehnjährige Ahmed sah sich einem immensen Druck von allen Seiten ausgesetzt. Die Habsburger waren bestrebt, den Osmanen die Kontrolle über Siebenbürgen zu entreißen, Schah Abbas von den Safawiden hatte seine Macht wieder gefestigt und begann, einen Rachefeldzug gegen den Sultan zu führen, und nicht zuletzt hatten das innenpolitische Chaos und die Instabilität ihren Höhepunkt erreicht.

Der Sultan befasste sich zunächst mit der Bedrohung durch die Habsburger, die nach Ansicht seines Hofes am leichtesten zu bekämpfen war. Im Jahr 1604 konnten die osmanischen Truppen einige Erfolge gegen die Habsburger verbuchen und die Stadt Pest einnehmen. Dann vertrieben die Osmanen mit Hilfe des siebenbürgischen Prinzen Stephan Bocskai die habsburgischen Truppen aus den umkämpften Gebieten und unterzeichneten im November 1606 den Vertrag von Zsitvatorok, der den Konflikt zwischen den beiden Seiten beendete. Siebenbürgen wurde wieder ein osmanischer Vasall, und Ahmed stellte seine Kontrolle über die Gebiete nördlich der Donau wieder her.

Dann war es an der Zeit, sich dem Osten zuzuwenden, wo Schah Abbas nach seiner Niederlage gegen die Osmanen im Jahr 1590 Vergeltung geübt hatte. Er hatte seine Kizilbasch-Armee vollständig neu ausgebildet und reorganisiert und sich dabei weitgehend auf die osmanischen Janitscharen gestützt. Mit der neuen Struktur konnte er in den ersten Jahren des 17. Jahrhunderts die usbekischen Sunniten besiegen. Schah Abbas und seine erfahrenen und gut ausgebildeten Truppen marschierten nach Westen, eroberten die von Murad III. eroberten Gebiete zurück und zerstörten die osmanischen Garnisonen in Aserbaidschan, im Kaukasus, im westlichen Iran und in Ostanatolien. Bis 1604 hatten die Safawiden Eriwan und Kars belagert und eingenommen, während der Sultan mit den Habsburgern beschäftigt war. Die Safawiden errichteten eine Operationsbasis in Armenien und stellten eine echte Bedrohung für das osmanische Kernland dar.

Es war klar, dass die Safawiden ihre defensive Haltung gegenüber den Osmanen, die sie fast ein Jahrhundert lang beherrscht hatten, aufgegeben hatten. Da Schah Abbas vor den Toren des Osmanischen Reiches stand, musste Sultan Ahmed I. handeln. Wie durch ein Wunder gelang es dem Sultan, trotz der sozialen Unruhen, die zu dieser Zeit im Land herrschten, eine der größten osmanischen Streitkräfte aller Zeiten zu mobilisieren, die nicht weniger als achtzigtausend Mann zählte, und 1605 gegen die Safawiden zu marschieren. Als sich die beiden Armeen im September in der Nähe des Urmia-Sees im Nordwesten Iraks gegenüberstanden, wurde jedoch deutlich, dass die Osmanen unterlegen waren. Die neu aufgestellten Truppen von Schah Abbas schlugen die Türken auf dem Schlachtfeld, töteten mehr als zwanzigtausend Mann und nahmen viele weitere gefangen.

Als sich die Osmanen zurückzogen, nutzte Schah Abbas die Gelegenheit, um weitere Gebiete zu erobern. Er nahm die Städte Bagdad und Nadschaf ein und errichtete eine Safawidenherrschaft über den größten Teil des Irak und Kurdistan. Nach der Niederlage der Osmanen liefen viele türkische Fürsten, die zuvor unter der Herrschaft des Sultans gestanden hatten, zum Schah über, konvertierten zum schiitischen Islam und schworen dem Safawidenherrscher, der die Osmanen besiegt hatte und ihnen ebenbürtig geworden war, die Treue.

Verzweifelt über diese Niederlage befahl Ahmed I. seinem Großwesir Murad Pascha, eine weitere Armee aufzustellen, und beauftragte ihn mit der Vergeltung gegen die Safawiden. Bevor der Großwesir sich mit den Iranern anlegte, versammelte er die neuen Männer und schlug die laufenden Celali-Aufstände in Anatolien und auf dem Balkan brutal nieder. Ende 1608 waren die meisten Aufständischen entweder gefangen genommen oder von den osmanischen Armeen unter Murad Pascha massakriert worden, der daraufhin endgültig gegen die Safawiden im Osten vorrückte.

Anstatt mit den Osmanen zu kämpfen, zog sich Schah Abbas aus Ostanatolien und Armenien zurück, brannte Dörfer nieder, zerstörte Vorräte und zwang die örtliche Bevölkerung, nach Osten zu fliehen, um die osmanischen Bemühungen zunichte zu machen. Dies machte es den Osmanen unmöglich, einen langfristigen Krieg gegen die Safawiden zu führen, da sie ihre Versorgungslinien nicht so weit nach Osten ausdehnen konnten.

Trotz seiner Bemühungen war Murad Pascha nicht in der Lage, Schah Abbas einzuholen. Murad Pascha starb 1611, was Ahmed I. dazu zwang, die Offensive einzustellen und ein Jahr später einen Friedensvertrag mit den Safawiden zu schließen. Gemäß den Friedensbedingungen erkannte Ahmed alle Eroberungen der Safawiden an und erklärte Schah Abbas zum Herrscher über den Kaukasus und Aserbaidschan.

Frühe Reformen

Ahmed I. starb 1617, ein Jahr nachdem er den Krieg mit dem Iran um Armenien wieder aufgenommen hatte. Als Osman II. 1618 den Thron bestieg, war die Macht der Osmanen bereits erheblich geschrumpft, was ihre Rivalen mit Sicherheit bemerkt hatten. Die ständigen Kriege an allen Fronten schwächten die Osmanen mehr denn je, und es waren grundlegende innenpolitische Veränderungen notwendig, um den völligen Zusammenbruch des Reiches zu verhindern. Für den Rest des 17. Jahrhunderts, als mehrere osmanische Sultane kamen und gingen, gab es einige Anzeichen für interne Reformen. Am Ende des 17. Jahrhunderts hatte das Osmanische Reich trotz der Lösung einiger unmittelbarer Probleme noch immer nicht wieder die Position erreicht, die es hundert Jahre zuvor innegehabt hatte.

Murad IV., der 1623 im Alter von elf Jahren Sultan wurde, war vielleicht der kompetenteste osmanische Herrscher des 17. Jahrhunderts. Während seiner Regierungszeit wurde ein Großteil der Korruption im Verwaltungssystem ausgemerzt. Seit den ersten Tagen seiner Herrschaft sah sich Murad mit dem erneuten Konflikt mit den

Safawiden konfrontiert, die wieder in den Irak eingedrungen waren und 1624 die sunnitische Bevölkerung von Bagdad massakrierten. Trotz der Bemühungen der Osmanen, die Stadt zurückzuerobern und die Iraner zu besiegen, scheiterten die beiden Ostfeldzüge in den folgenden Jahren, was zu weiteren Problemen innerhalb des Reiches und zu Unruhen in den höheren Rängen der osmanischen Gesellschaft führte. Die Mitglieder der Janitscharen und des Sipahi-Korps (Kavallerie) der Armee waren unzufrieden wegen der anhaltenden Niederlagen, die die Armee erlitt. Nachdem ihr Befehlshaber, Großwesir Hüsrev Pascha, 1631 von Murad entlassen worden war, versuchten sie, einen Aufstand gegen den Sultan anzuzetteln. Mit Unterstützung vieler hochrangiger Beamter marschierte das Militär in Istanbul ein und massakrierte viele der engsten Verbündeten des Sultans am Hof, darunter auch den neuen Großwesir, was zu Massenprotesten in der ganzen Stadt führte. Murad hatte eine ziemlich chaotische Situation zu bewältigen.

Überraschenderweise festigte der neue Sultan dank seines starken Charakters schnell seine Macht und verlangte von den rebellischen Truppen, ihm die Treue zu schwören. Er befahl ihnen, diejenigen Bürokraten hinzurichten, die er für Verräter hielt. Im Herbst 1633 waren die Banditen und Kriminellen, die in den Straßen Istanbuls ihr Unwesen trieben, beseitigt, denn sie wurden zusammen mit vielen korrupten Amtsträgern in die Kerker geworfen.

Als ein großer Teil der Hauptstadt durch einen Großbrand vernichtet wurde, behauptete Murad, dies sei ein böses Omen Gottes, ein Zeichen seines Zorns. Der Sultan nutzte das Feuer, um eine gewisse moralische Ordnung im Reich wiederherzustellen. Er verbot den Konsum von Tabak und Kaffee und schloss viele Geschäfte, die als Versammlungsorte für Demonstranten gedient hatten. Außerdem organisierte er ein komplexes Spionagenetz, das die Aufgabe hatte, Feinde der Regierung ausfindig zu machen, was zur Verhaftung und Hinrichtung von Tausenden von Beamten, Soldaten und Mitgliedern der *Ulama* führte.

Vor seinem Tod im Jahr 1640 gelang es Murad, große Teile des Irak zurückzuerobern und einen neuen Frieden mit den Safawiden zu schließen, in dem die Grenzgebiete zwischen den beiden Reichen weitgehend nach dem Vertrag von Amasya von 1555 aufgeteilt wurden. Der Tod von Schah Abbas schwächte den iranischen Staat und ermöglichte es Murad, einen vier Jahre dauernden Feldzug zu beginnen, der schließlich mit einem osmanischen Sieg endete.

Nachdem ein Großteil der Korruption beseitigt und die Safawiden im Osten zumindest vorläufig neutralisiert worden waren, schien es, als würde das Osmanische Reich allmählich wieder zu seiner vollen Stärke zurückfinden. In den nächsten Jahrzehnten wurde jedoch aufgrund schwacher Sultane, die unter dem Einfluss ihrer Harems und Paschas (im Wesentlichen ein Premierminister oder Großwesir) standen, klar, dass die Osmanen in Bezug auf Entwicklung und Modernisierung deutlich hinter ihren europäischen Pendants zurückgeblieben waren.

Eine der interessantesten Entwicklungen im Reich während dieser unruhigen Zeiten war die so genannte Köprülü-Ära, die 1656 begann und fast drei Jahrzehnte lang andauerte. In dieser Zeit war das Amt des Großwesirs mit Mitgliedern der Familie Köprülü besetzt, was größtenteils auf die Bemühungen von Köprülü Mehmed Pascha zurückzuführen war, der 1656 während der Herrschaft von Mehmed IV. zum Großwesir ernannt worden war. Vor Köprülüs Amtszeit hatte Tarhoncu Ahmed Pascha das Reich zu wirtschaftlichen Reformen geführt und die durch ständige Kriege erschöpfte Staatskasse vollständig saniert. Er sorgte dafür, dass alle korrupten Mitglieder der kaiserlichen Führungsschicht inhaftiert wurden, konfiszierte ihre Ländereien und ihren Besitz und füllte die königliche Schatzkammer wieder auf. Große Ländereien, die sich im Besitz einiger weniger mächtiger Männer am Hof befanden, wurden umverteilt, um das Wirtschaftswachstum zu sichern. Neue Steuern wurden eingeführt, und zum ersten Mal in der osmanischen Geschichte wurde der Haushalt für ein Steuerjahr festgelegt. Kurzum, Tarhoncu Ahmed Pascha trug wesentlich zur Reorganisation der osmanischen Wirtschaft und zur Zentralisierung der Macht bei, bevor er 1653 entlassen wurde, nachdem falsche Gerüchte laut geworden waren, er habe versucht, den Sultan zu stürzen.

Nach drei Jahren politischer Instabilität wurde Köprülü Mehmed Pascha neuer Großwesir und avancierte bald zum mächtigsten Mann des Reiches. Er ersetzte persönlich die hochrangigen Beamten des Reiches durch Personen seines Vertrauens. Nachdem er eine solide Kontrolle über die Regierung erlangt hatte, genoss der Großwesir Freiheit bei den politischen Entscheidungen des Reiches und vertrieb im Juli 1657 sogar die Venezianer von den Dardanellen. Anschließend führte er das Reich gegen die Rebellion der siebenbürgischen Fürsten, die schließlich 1662 niedergeschlagen wurden, wodurch die osmanische Oberhoheit in der Region wiederhergestellt wurde.

Unter seinen Nachfolgern gelang es dem Osmanischen Reich, weiter nach Europa vorzudringen, 1676 polnische Gebiete in der Ukraine zu erobern, 1664 die von Habsburg angeführte christliche Koalition zu besiegen und 1669 Kreta von Venedig zu erobern. Die Großwesire hatten die Ämter des Reiches stets fest im Griff und ließen nicht zu, dass sich die Korruption im Reich weiter ausbreitete.

Kapitel Sechs – Die ersten Verluste des Reiches

Im 17. Jahrhundert sah sich das Osmanische Reich mit innen- und außenpolitischen Herausforderungen konfrontiert, deren Bewältigung langsam immer schwieriger wurde. Als schwächere Sultane den Thron bestiegen, gewannen Hofintrigen und Akteure hinter den Kulissen die Kontrolle über die Entscheidungsfindung innerhalb des Reiches, was zu gemischten Ergebnissen führte. In diesem Kapitel geht es um die bedeutenden Niederlagen, die das Reich im 18. Jahrhundert erlitt, einer Zeit, in der das übrige Europa den Absolutismus verteidigte. Diese Niederlagen kamen die Osmanen schließlich teuer zu stehen und führten zum Niedergang des Reiches und seinem späten Modernisierungsschub.

Die Katastrophe von Wien

In den 1680er Jahren waren die Großwesire aus der Familie Köprülü zu den Herren im Osmanischen Reich aufgestiegen, die jede Opposition am Hofe ausschalteten und im Grunde die wahren Despoten des Reiches wurden. Die Eroberung der Westukraine in den späten 1670er Jahren unter Kara Mustafa Pascha alarmierte die Russen, die die muslimischen Osmanen vor ihrer Haustür als direkte Bedrohung sahen. Die beiden Seiten standen sich gegenüber, und im Februar 1681 erklärten sich die Osmanen bereit, einen Friedensvertrag zu unterzeichnen, in dem sie auf ihre Ansprüche in der Ukraine verzichteten und sich zurückzogen.

Diese Entscheidung bedeutete jedoch nicht unbedingt, dass die Russen die Türken überwältigt hatten. Vielmehr erkannte der Großwesir die Instabilität im habsburgischen Ungarn und sah in den Aufständen gegen die Herrscherfamilie seine Chance, nach Wien zu marschieren und die reiche Stadt zu erobern. Angeregt durch ihre französischen Verbündeten im Westen, die den Zusammenbruch der Habsburger ebenso sehr herbeisehnten, fielen die Osmanen 1683 in die österreichischen Gebiete ein und belagerten Wien im Juni. Wien war seit den Eroberungen von Selim und Süleyman im 16. Jahrhundert, zwei Sultanen, die der Eroberung der Stadt gefährlich nahe gekommen waren, lange Zeit ein Bollwerk der christlichen Verteidigung gegen die Osmanen gewesen. Der Großwesir, der über mehr als 100.000 Mann verfügte, hoffte, dass die Stadt fallen würde, da er glaubte, dass die habsburgischen Armeen durch die ständigen Kämpfe gegen die Aufständischen geschwächt waren.

Die Schlacht von Wien
https://commons.wikimedia.org/wiki/File:Vienna_Battle_1683.jpg

Die Habsburger hatten jedoch eine anti-osmanische Koalition gebildet, da sie die Gefahr erkannten, die der christlichen Welt drohte, falls Wien an die Osmanen fallen würde. Mit der Unterstützung von König Johann III. Sobieski von Polen-Litauen, des Kirchenstaates und mehrerer Fürsten des Heiligen Römischen Reiches konnte der Kaiser des Heiligen Römischen Reiches, Leopold I., mit einem Entsatzheer von mehr als achtzigtausend Mann in die Stadt einrücken. Im

September, nach dreimonatiger Belagerung, als die Osmanen die Stadtmauern so stark bombardiert hatten, dass sie die Stadt einnehmen konnten, gelang den Christen ein Überraschungsangriff, bei dem sie die osmanischen Truppen überwältigten und den Sieg errangen. Der Großwesir war der Einnahme Wiens gefährlich nahegekommen, viel näher als seine Vorfahren im Jahr 1529. Gedemütigt zogen sich die osmanischen Truppen zurück und ließen ihre Kanonen, Ausrüstung und Vorräte zurück. Nach seiner Rückkehr nach Istanbul wurde der Großwesir von Sultan Mehmed IV. hingerichtet.

Die gescheiterte Einnahme Wiens war der Anfang vom Ende der Macht der Osmanen in Europa. Das osmanische Heer war völlig zerschlagen, so dass die Habsburger einen Feldzug bis tief in die von den Osmanen kontrollierten Gebiete führen konnten. Die christliche Koalition der Habsburger, der sich nun auch die italienischen Staaten anschlossen, begann eine entscheidende Offensive, befreite die unter osmanischem Joch stehenden Städte und nahm 1686 Budapest ein.

Militärische Schwierigkeiten

Während die Osmanen ihren Einfluss in den meisten Teilen Ungarns langsam verloren, hatten sie im Nordosten mehr Erfolg bei der Verteidigung ihrer Stellungen gegen die Polen in Moldau, wo sie 1687 Johann Sobieski zurückschlugen. Die Christen schlugen zurück, als es Venedig mit habsburgischer Unterstützung gelang, den Osmanen einen Teil der dalmatinischen Küste abzunehmen und die Festung Morea zu erobern. Im September 1687 fielen die Venezianer in Griechenland ein und nahmen Athen ein, was die osmanische Regierung in Istanbul sehr beunruhigte. Die muslimische Bevölkerung der eroberten Gebiete floh ins osmanische Kerngebiet, strömte in die großen Städte in Südthrakien und verursachte noch mehr soziale Unruhen, zusätzlich zu den wirtschaftlichen Turbulenzen, die durch den Rückgang der landwirtschaftlichen Produktion verursacht wurden.

Als das 17. Jahrhundert zu Ende ging, nahmen die Probleme des Osmanischen Reiches an Zahl und Schwere zu. Nach dem Verlust von Budapest und der Niederlage bei Wien war der Ruf von Mehmed IV. endgültig zerstört. Daher zettelte der Großwesir zusammen mit den mächtigen Akteuren am Hof eine Revolution an, durch die der Sultan abgesetzt und der Sohn von Sultan Ibrahim, Süleyman, 1687 zum neuen Herrscher ernannt wurde. Dieser Schritt machte den Feinden des Reiches jedoch nur noch deutlicher, dass die Osmanen in ihrem Kern schwach waren, was zu einer Reihe von christlichen Feldzügen auf dem Balkan führte. Obwohl der neue Sultan versuchte, Frieden mit den Habsburgern zu schließen, drang Kaiser Leopold im Herbst 1689 tief in die von den Osmanen kontrollierten Gebiete ein und eroberte die Städte Niš, Widin und Skopje. Obwohl die Osmanen unter Großwesir Fazil Mustafa Pascha ein Jahr später Vergeltung übten und Niš und Belgrad von den Habsburgern zurückeroberten, besiegten die Habsburger nach dem Tod Süleymans II. und der Wiederaufnahme der Feindseligkeiten unter Sultan Ahmed II. im August 1691 die restlichen osmanischen Armeen bei Slankamen entscheidend.

Die siegreiche christliche Koalition, bestehend aus den Habsburgern, Venedig, Polen und Russland, übte weiterhin starken Druck auf die osmanischen Besitztümer im Osten Europas aus und unternahm Angriffe von allen Seiten. Ahmed II. verstarb 1695 und hinterließ das Reich seinem Sohn Mustafa II., der die Habsburger unbedingt aus den verlorenen Gebieten vertreiben wollte. Seine Angriffe gegen die Österreicher endeten jedoch katastrophal, denn die Osmanen erlitten in der Schlacht von Zenta im September 1697 eine vernichtende Niederlage gegen die habsburgischen Truppen unter Eugen von Savoyen. Peter der Große von Russland hatte 1696 ebenfalls osmanische Gebiete an der nördlichen Schwarzmeerküste erobert, und eine Niederlage nach der anderen zwang Ahmed II. dazu, einen demütigenden Frieden mit den Christen zu schließen.

Der Vertrag von Karlowitz, der im Januar 1699 zwischen den Osmanen auf der einen Seite und Venedig, Russland, Polen und der Habsburgermonarchie auf der anderen Seite unterzeichnet wurde, bedeutete das Ende der osmanischen Vorherrschaft in Südosteuropa. Die Osmanen verloren Dalmatien und die Peloponnes an Venedig, die westliche Ukraine und Podolien an Polen, Asow an Russland und den größten Teil Ungarns und Siebenbürgens an die Habsburger. Der Sultan verpflichtete sich außerdem, die Freiheiten der christlichen Untertanen in seinem Reich zu garantieren. Der Vertrag war ein deutliches Zeichen dafür, dass sich das Machtgleichgewicht zu Ungunsten des Osmanischen Reiches verschoben hatte, das lange Zeit die dominierende Kraft in der Region gewesen war.

Trotz des „Friedens" mit den christlichen Rivalen des Reiches führten die Osmanen im Laufe des 18. Jahrhunderts mehrmals Krieg gegen jeden von ihnen. Obwohl es unmöglich ist, alle Entwicklungen dieser Konflikte in allen Einzelheiten darzustellen, ist es möglich, ein zugrunde liegendes verbindendes Merkmal zu finden. Ein Wort beschreibt die militärischen Bemühungen der Osmanen in den 1700er Jahren vielleicht am besten: Enttäuschung. Im österreichisch-türkischen Krieg von 1716-1718 und im österreichisch-russisch-türkischen Krieg von 1735-1739 war die einst mächtige osmanische Armee nicht in der Lage, den Christen genügend Widerstand zu leisten. In der ersten Hälfte des Jahrhunderts gab es unterschiedliche Ergebnisse, was die Kontrolle der umstrittenen Randgebiete des Reiches anging. Nach einer Niederlage gegen Österreich verlor das Osmanische Reich mit dem Vertrag von Passarowitz 1718 einen Großteil seiner Besitzungen auf dem Balkan, darunter Serbien und Westrumänien. Mit dem 1739 unterzeichneten Vertrag von Belgrad wurde die osmanische Kontrolle über einige dieser Gebiete wiederhergestellt (dieses Mal war es den Osmanen gelungen, die Habsburger zu besiegen). Mit dem Vertrag wurde auch die Kontrolle über einen Teil der nördlichen Schwarzmeerküste an Russland abgetreten. Alles in allem war es eine chaotische erste Hälfte des Jahrhunderts, was die Kriege im Ausland anging. Die umkämpften Regionen wurden durch die vielen Kämpfe stark destabilisiert, was zu einer Massenabwanderung und einem starken Rückgang der Produktion führte.

Neben den Kriegen in Europa gerieten die Osmanen in den 1730er Jahren auch mit den wiedererstarkten Safawiden aneinander. Das schiitische Reich fiel in die vom Osmanischen Reich kontrollierten Gebiete im Nahen Osten und im Kaukasus ein, was Sultan Mahmud I. dazu veranlasste, große Truppen zu entsenden, um sich mit den Iranern auseinanderzusetzen, während der andere Teil in Europa kämpfte, wodurch die osmanische Armee in zwei Hälften geteilt wurde. Obwohl die Osmanen nach dem Ausbruch der Kämpfe im Irak einige Erfolge verbuchen konnten, schlugen die Schiiten unter Nader, der rechten Hand und dem obersten Minister des Safawiden-Schahs, zurück und konnten Bagdad einnehmen, bevor sie Eriwan, Tiflis und Gandscha belagerten und eroberten. Im Jahr 1736 ersuchten die Osmanen um Frieden, der jedoch nur etwa neun Jahre anhielt, da die Safawiden 1745 ihre Offensive für ein weiteres Jahr fortsetzten, was schließlich 1746 zu einem weiteren Friedensvertrag führte, der die Kämpfe zwischen den beiden muslimischen Reichen beendete.

Überraschenderweise herrschte im Osmanischen Reich von 1740 bis Ende der 1760er Jahre endlich Frieden, obwohl die Nachbarstaaten in den Siebenjährigen Krieg und den Österreichischen Erbfolgekrieg verwickelt waren, zwei entscheidende Konflikte des 18. Jahrhunderts. Die osmanischen Sultane waren jedoch nicht in der Lage, diese Gelegenheit zu nutzen, um die grundlegenden Probleme innerhalb des Reiches anzugehen. Die Armee, die jahrhundertelang sowohl zahlenmäßig als auch technologisch überlegen war, musste reorganisiert werden. Die disziplinierteren europäischen Streitkräfte waren dem altmodischen osmanischen Militär bei ihren Begegnungen auf dem Schlachtfeld oft überlegen. Außerdem hatte die Zentralregierung ihren festen Griff gegenüber ihren Untertanen verloren und musste gestärkt werden. Die Untätigkeit führte jedoch zu einer der schwierigsten Perioden, die die Osmanen zu bewältigen hatten. Von der zweiten Hälfte des 18. Jahrhunderts bis zum Ersten Weltkrieg, als die europäischen Nationen im Zeitalter des Imperialismus und Nationalismus zum Höhepunkt ihrer Macht aufstiegen, konnte sich das Osmanische Reich nicht an die sich ständig verändernde Weltordnung anpassen, was schließlich zu seinem Niedergang führte.

Das Problem der Modernisierung

Von 1768 bis 1774 sah sich das Osmanische Reich erneut in einen Krieg mit Russland verwickelt. In den vergangenen hundert Jahren waren die Russen zu einem der mächtigsten Reiche Europas aufgestiegen und hatten unter Katharina der Großen den Höhepunkt ihrer Macht erreicht. Russland, das sich als Verteidiger des orthodoxen christlichen Glaubens und als großer Bruder aller slawischen Völker des Balkans verstand, hatte ein zunehmendes Interesse an der Politik der Region gezeigt und war im letzten Jahrhundert in Kriege um diese Gebiete verwickelt gewesen. Nach den Angriffen auf die von den Osmanen kontrollierten Gebiete in Moldau erklärten die Osmanen Russland im Jahr 1768 den Krieg. Sechs Jahre später erlitten die Osmanen eine ziemlich entscheidende Niederlage gegen Katharina die Große.

Mit der Unterzeichnung des Friedensvertrags zwischen den beiden Seiten im Juli 1774 wurde das Khanat der Krim, das historisch gesehen ein Vasall und Verbündeter des Osmanischen Reiches gewesen war, befreit. Formal gesehen hatten weder Russland noch die Osmanen laut Vertrag das Recht, Einfluss auf die Krim zu nehmen, aber die Krimtataren wurden schließlich Ende des 18. Jahrhunderts von Russland annektiert. Darüber hinaus erhielten die Russen wichtige Hafenstädte am Schwarzen Meer, nämlich Asow und Kertsch, sowie Teile des osmanischen Moldau und Kriegsreparationen. Entscheidend war, dass die Osmanen gezwungen waren, Russland zum Beschützer aller orthodoxen osmanischen Untertanen zu erklären – ein Sonderstatus, den Russland mit Stolz annahm und viele Jahre lang ausübte.

Bis zum Ende des Jahrhunderts führten die Osmanen mehrmals Krieg gegen Russland und die Habsburger, wobei die Konflikte immer mit einer Enttäuschung für die Muslime endeten. Die Türken verloren die Kontrolle über den Kaukasus und die nördliche Schwarzmeerküste an die Russen und gaben Teile der Walachei, Bosniens und Serbiens an die Habsburger Monarchie ab.

Sultan Abdul Hamid I., der nach dem Tod seines Bruders Mustafa III. 1774 den Thron bestieg, war durch die jüngsten Niederlagen des Osmanischen Reiches gegen Russland gedemütigt und hielt Reformen für notwendig, um den Status und den Ruhm des Reiches zu erhalten. Der neue Sultan führte jedoch nur neue militärische Ausrüstung für die Armee und die Marine ein. Er war blind für die strukturellen Probleme seiner Institutionen. Darüber hinaus stieß er auf großen Widerstand bei den Sipahi und den Janitscharen, als er versuchte, europäische Kommandeure als Militärberater einzuladen, ohne von ihnen zu verlangen, zum Islam zu konvertieren. Während die Sipahis und Janitscharen diese Veränderung als unheilig und unnötig ansahen, war es in Wahrheit so, dass die europäischen Taktiken und Strategien weitaus fortschrittlicher waren als alles, was die altmodischen osmanischen Armeeoffiziere zu dieser Zeit anwandten. Und dieser Mangel an Modernisierung hatte große Auswirkungen auf die Entwicklung des Staates.

Osmanische Janitscharen
https://commons.wikimedia.org/wiki/File:Battle_of_Vienna.SultanMurads_with_janissaries.jpg

In dem Maße, wie das Reich seine Kriege im Ausland verlor, verfiel es auch im Inneren. Aufgrund der Schwäche der Zentralregierung begannen die Grundbesitzer und die Gouverneure der verschiedenen Provinzen, weitgehend auf eigene Faust zu handeln, eigene Armeen aufzustellen, eigene Steuern zu erheben und eigene Beziehungen zu ihren Amtskollegen zu unterhalten, was die Integrität des Reiches erheblich schwächte. Das osmanische System wurde immer feudaler, vor allem auf dem Balkan, wo der größte Teil der christlichen Bevölkerung des Reiches lebte. Auf dem Balkan verbesserten die lokalen Herrscher ihr Ansehen und ihr Prestige, da Russland ihr „Beschützer" geworden war. Die weniger überwachte Religionsausübung und mehr Autonomie führten schließlich zum Aufkommen nationalistischer Bewegungen in vielen Teilen des Reiches, da Serben, Bosnier, Griechen und andere ethnische Minderheiten zunehmend mehr Rechte forderten. Nach der Französischen Revolution gewannen die Konzepte des Nationalismus und des Liberalismus in ganz Europa immer mehr an Bedeutung. Der Zusammenhalt dieser Bewegungen innerhalb der Grenzen des Osmanischen Reiches nahm stark zu und stellte eine weitere Bedrohung für die Position des Sultans und die Zentralregierung in Istanbul dar.

Viele Historiker sind der Ansicht, dass die Unterschiede zwischen der osmanischen und der europäischen Gesellschaft in Bezug auf soziale und technische Aspekte im Zeitalter der Industrialisierung vor allem auf die Überzeugung der Osmanen zurückzuführen sind, dass sie ihren christlichen Mitbürgern von Natur aus überlegen waren. Außerdem verschwanden seit der Reformation langsam die Grenzen zwischen den höheren und den niedrigeren Rängen, so dass sich die Angehörigen der verschiedenen Klassen besser mit den Sitten und Gebräuchen der jeweils anderen vertraut machen konnten. Die osmanische Oberschicht war jedoch immer noch weitgehend auf sich selbst beschränkt und hatte keinen Blick für die Gesamtsituation des Reiches. Diese Isolierung der Osmanen von den modernen europäischen Strukturen in Politik, Wirtschaft, Gesellschaft und Militär, die sich als wesentlich effektiver erwiesen hatten, brachte dem Osmanischen Reich einen schweren Nachteil.

Obwohl man sagen könnte, dass die Osmanen zumindest kulturell mit den Europäern auf Augenhöhe waren, war die Gesamtsituation im Reich bei weitem nicht mehr so, wie sie während des goldenen Zeitalters unter Süleyman dem Prächtigen gewesen war. Die großen Künstler, Dichter, Wissenschaftler, Handwerker und Architekten, die den Schutz des Sultans genossen hatten und von allen bewundert wurden, besaßen nicht länger diesen glanzvollen Status. Einige osmanische Großwesire und Sultane versuchten, ihren Untertanen die Europäisierung aufzuzwingen, scheiterten jedoch mit ihren Bemühungen. Während der so genannten Tulpenära, die von 1718 bis 1730 dauerte, versuchten beispielsweise einige Mitglieder der osmanischen Oberschicht, europäische Standards und Bräuche zu übernehmen. Sie begannen, sich wie ihre europäischen Pendants zu kleiden und auszusehen, und die Tulpen, die sie in ihren Gärten pflanzten und als Teil ihrer Kleidung trugen, waren Symbole für Adel und Status. Doch anders als beispielsweise in Russland, wo Herrscher wie Peter der Große und Katharina die Große die Europäisierung auf die Spitze trieben, waren die osmanischen Beamten einfach nicht so sehr daran interessiert, sich mit dem vertraut zu machen, wofür Europa stand. Und aufgrund der strikten Trennung der sozialen Schichten erreichten die Veränderungen, die die höheren Klassen vorübergehend vornahmen, nur selten den Rest der Gesellschaft.

Selim III.

Der Mann, der versuchen sollte, das Reich von seinen giftigen, altmodischen Wurzeln zu befreien, war Sultan Selim III., der 1789 den Thron bestieg und bis 1807 regierte. Er begann seine Herrschaft inmitten der Kriege gegen Österreich und Russland, die nach kurzen Friedenszeiten wieder aufgeflammt waren, und die ersten Jahre der Herrschaft Selims III. erwiesen sich für das Reich als ebenso schwierig wie die Jahrzehnte zuvor. Überwältigt von den christlichen Feinden schlossen die Osmanen 1792 Frieden mit ihren beiden Rivalen, traten die vollständige Kontrolle über den Kaukasus und die Krim an die Russen ab und erkannten die Balkangebiete (die das Reich trotz der Besetzung durch österreichische Truppen während des Krieges behalten hatte) als Protektorate der Habsburger Monarchie an.

Selim III. begann seine Herrschaft ziemlich katastrophal, aber die Politik, die er später als Sultan verfolgte, brachte ihm seinen Platz in der Geschichte ein. Selim erkannte die Schwächen des osmanischen Staates richtig und machte sich daran, Reformen einzuführen, um diese Probleme zu beheben. Seine Agenda, die den Namen Nizam-i-Cedid („Neue Ordnung") trug, konzentrierte sich auf die Schaffung einer neuen Armee, die dem Sultan helfen sollte, die Kontrolle der Zentralregierung über die Ayans (die Provinzgouverneure und Adligen) wiederherzustellen. Der Sultan sah sich mit dem Problem konfrontiert, dass es ihm an moderner Ausrüstung und geeigneten Anführern fehlte, beides unabdingbare Voraussetzungen für die Aufstellung einer kompetenten Armee.

So beaufsichtigte Selim persönlich die Gründung der kaiserlichen Schule für Militärtechnik, die 1795 vollendet wurde. Er stellte erfahrene französische Militärangehörige in der Schule ein. Die neu eingetroffenen Europäer gaben ihr Wissen in Sachen moderner Kriegsführung weiter. Darüber hinaus lernte die osmanische Oberschicht, die immer mehr Zeit mit den Europäern verbringen musste, mehr über deren Sitten, gesellschaftliche und politische Strukturen und Werte. Dies führte schließlich zur Einrichtung einer ständigen diplomatischen Präsenz der Osmanen in den europäischen Hauptstädten, was die Verbindung zwischen den beiden Ländern verstärkte und die Assimilierung der europäischen Lebensweise förderte.

Nizam-i-Cedid war ein ziemlich kostspieliges Projekt. Es trug zwar zur Modernisierung des Osmanischen Reiches bei, erforderte aber eine Menge Mittel, die das Reich nicht hatte, da die Wirtschaft nach den ständigen Kriegen und dem Aufstieg der Kolonialmächte zurückgegangen war. Selim musste die Steuersätze anheben und die Ayan stark besteuern. Dann entwertete er das Münzgeld und erhob neue Steuern auf verschiedene Güter des täglichen Bedarfs wie Tabak.

All diese Veränderungen brachten Elend und Not für die Bevölkerung mit sich und lösten in Verbindung mit der Tatsache, dass eine völlig neue Armee geschaffen wurde, eine feindselige Reaktion der traditionelleren Parteien innerhalb der osmanischen Gesellschaft aus, nämlich der Sipahis, der Janitscharen und der Mitglieder der religiösen Klassen. Diese Parteien waren der Ansicht, dass sich die Neuerungen des Sultans von der traditionellen islamischen osmanischen Gesellschaft abwandten. Daher stellten sie fast alle Entscheidungen Selims in Frage. Da sie schließlich glaubten, dass die neuen Reformen ihre Stellung im Reich bedrohten, zettelten sie einen Aufstand an und wurden zur Hauptursache für den Untergang des Sultans.

Der Widerstand innerhalb des Reiches war nicht die einzige Kraft, die sich gegen den Sultan richtete. Mit dem Aufkommen des Nationalismus und der Entstehung neuer Nationalstaaten in Europa nach der Französischen Revolution drohten multiethnische Reiche wie das Osmanische Reich zu zerfallen. Nach den Eroberungen Napoleons, der von 1798 bis 1801 in das von den Mamluken kontrollierte Ägypten eindrang, das zuvor unter osmanischer Oberhoheit gestanden hatte, wurden im gesamten Reich nationalistische Gefühle laut, die eine Bedrohung für die Zentralregierung darstellten. Napoleon behauptete, die eroberten Nationen in ganz Europa befreit zu haben, und trug damit wesentlich zur zunehmenden Feindseligkeit der Balkanstaaten gegenüber Istanbul bei. Die christlichen Untertanen auf dem Balkan waren schon seit langem Ziel der Ausbeutung durch Russland und Österreich. Vor allem die serbische Revolution, die 1804 begann, erwies sich für Selim als sehr schwierig zu bewältigen, zumal ihr 1806 ein Krieg mit Russland folgte.

Am Ende seiner Herrschaft im Jahr 1807 hatten Selims Reformen große Auswirkungen auf den größten Teil der osmanischen Gesellschaft, auf einige mehr als auf andere. Seine „Armee der neuen Ordnung", die aus disziplinierten, gut ausgebildeten und gut ausgerüsteten Männern bestand, war nicht weniger als zwanzigtausend Mann stark, und die höheren Schichten des Reiches hatten sich einer moderneren, europäischen Gesellschaft angenähert. Die finanziellen Entscheidungen, die der Sultan getroffen hatte, schwächten jedoch die Wirtschaft, und die aufgebrachten Janitscharen und Sipahis führten 1807 einen Aufstand gegen den Sultan an, da sie befürchteten, Selim würde sie schließlich durch seine neuen Soldaten ersetzen. Ende Mai stürmten sie den Palast in Istanbul und zwangen den Sultan, abzudanken. Trotz seines grausamen Endes gilt Selim als einer der ersten Sultane, die versuchten, die Probleme des Reiches mit Reformen anzugehen.

Kapitel Sieben – Der kranke Mann Europas

Um die Wende zum 19. Jahrhundert hatte das Osmanische Reich den größten Teil seines früheren Glanzes verloren. Im Vergleich zum übrigen Europa hinkte das Reich in fast jeder Hinsicht hinterher. Die dominierenden Parteien der osmanischen Führungsschicht weigerten sich, viele der sozialen und politischen Veränderungen zu übernehmen, die andere europäische Nationen vornahmen, da sie befürchteten, dass dies zu einem Verlust ihres Status und ihrer Macht führen würde. Dieser Widerwille führte das Reich in eine turbulente Zeit. Die Osmanen versuchten, sich den Weg zurück an die Spitze zu erkämpfen, wenn auch mit begrenztem Erfolg.

Das letzte Kapitel dieses Buches befasst sich mit den letzten 120 Jahren der Existenz des Osmanischen Reiches und behandelt die entscheidenden Entwicklungen, die zu seiner Auflösung nach dem Ersten Weltkrieg führten.

Die Kosten des Nationalismus

Als Selim III. 1807 von den reformfeindlichen Kräften gestürzt wurde, bestand kein Zweifel daran, dass die Zukunft des Reiches ziemlich prekär war. Das 19. Jahrhundert sollte in Europa das Zeitalter der Modernisierung werden, in dem Fortschritte in Technik, Wirtschaft und Industrie zu einschneidenden Veränderungen im menschlichen Denken und in der politischen Kultur führten und Ideen wie Liberalismus, Nationalismus und frühe Versionen der Demokratie hervorbrachten. Die Modernisierung reduzierte den Einfluss der großen Reiche und Monarchien auf dem gesamten Kontinent, und einige Herrscher konnten sich den Veränderungen besser widersetzen als andere. Alles in allem befand sich die konservative Herrschaft auf dem Rückzug, was für die sozialen Schichten, die seit Jahrhunderten an der Macht waren, alarmierend war.

Das politische Chaos in Istanbul nach der Absetzung Selims III. dauerte fast ein Jahr lang an, während dessen alle rivalisierenden Parteien versuchten, die Kontrolle über das Machtvakuum zu übernehmen. Schließlich setzte sich Mahmud II. dank der Bemühungen seiner mächtigeren und gerissenen Verbündeten am Hof, insbesondere seines Großwesirs Alemdar Mustafa Pascha (auch bekannt als Mustafa Bayrakdar), als neuer Sultan des Reiches durch. Der Großwesir hielt sich jedoch nur wenige Monate, denn seine radikalen antikonservativen Reformen führten im November 1808 zu einem weiteren Aufstand. Damit wurde die Macht der traditionell mächtigen Kräfte innerhalb des Reiches weiter eingeschränkt und in gewisser Weise das fortgesetzt, was Selim III. begonnen hatte, insbesondere nachdem die Janitscharen Alemdar Mustafa Pascha bei ihrem Aufstand, bei dem sie Istanbul erneut stürmten, getötet hatten.

Mahmud II. blieb an der Macht und konnte mit den Rebellen verhandeln. Entscheidend ist, dass er richtig erkannte, dass die Reformen, die auf die Reduzierung der Macht der Janitscharen abzielten, nutzlos sein würden, da sie jegliche Veränderungen in der traditionellen Struktur der Armee ständig untergraben hatten. Mahmud wusste, dass die osmanische Armee modernisiert werden musste, und er erkannte, dass die Janitscharen ihn daran hinderten, ein Militär aufzustellen, das seinen europäischen Pendants ebenbürtig war. Wenn es also unmöglich war, die Janitscharen zu reformieren, bestand die einzige Möglichkeit, das Militär zu verbessern, in der vollständigen Vernichtung ihres Korps.

Um sich den Janitscharen entgegenstellen zu können, musste Mahmud sich zunächst mit dringenderen Problemen befassen, vor allem mit den nationalistischen Aufständen auf dem Balkan, die aufgrund der Instabilität in Istanbul begonnen hatten.

Als Mahmud Sultan wurde, waren die Revolten auf dem Balkan bereits in vollem Gange. Die nationalistische Bewegung in Serbien unter Karađorđe hatte 1804 einen Aufstand begonnen, doch anstatt die

Präsenz der Zentralregierung in Belgrad zu verstärken, hatte Selim III. die in Garnisonen stationierten Janitscharen aufgelöst. Dies schürte den serbischen Nationalismus, und eine Zeit lang sah es so aus, als hätten die Serben eine Chance auf Unabhängigkeit, insbesondere nachdem Russland zugunsten seiner orthodoxen Brüder interveniert hatte. Die Russen fielen in die Walachei ein, um die osmanische Kontrolle in der Region zu schwächen.

Im Jahr 1813 gelang es Mahmud II. schließlich, seine Armeen zu konsolidieren und den Aufstand brutal niederzuschlagen, ohne jedoch auf die wichtigsten Anliegen der aufgebrachten serbischen Bevölkerung einzugehen. Zwei Jahre später verhandelten die Serben bei einem erneuten Aufstand unter der Führung von Miloš Obrenović mit der Zentralregierung in Istanbul und erhielten einen besonderen Autonomiestatus, blieben aber weiterhin unter der Kontrolle des Reiches.

Der Kampfgeist der Serben wie auch die zeitgenössischen nationalistischen Bewegungen im übrigen Europa führten dazu, dass sich eine weitere Balkannation gegen die Zentralregierung in Istanbul auflehnte. Seit 1814 waren in den großen Städten des Osmanischen Reiches in Anatolien und auf dem Balkan zahlreiche Geheimgesellschaften entstanden, die das Ziel verfolgten, eine einheitliche griechische Unabhängigkeitsbewegung zu schaffen. Vor allem die Filiki Eteria ("Gesellschaft der Freunde"), die von vielen der mächtigen griechischen Familien des Reiches unterstützt und finanziert wurde, gewann an Bedeutung und plante mehrere Aufstände auf dem Balkan, die die osmanische Kontrolle über die Gebiete untergraben und zur Unabhängigkeit Griechenlands führen sollten.

Ab 1821 gab es Pläne für Aufstände in der Walachei und Moldau, auf der Peloponnes und sogar in Istanbul. Die Aufstände, die von den Filiki Eteria angezettelt wurden, begannen Anfang 1821, wurden aber größtenteils niedergeschlagen. Im Jahr 1825 forderte Mahmud II. Verstärkung aus dem osmanisch kontrollierten Ägypten an, die unter Ibrahim Pascha eintraf und dem Sultan half, die Kontrolle über die griechischen Provinzen wiederherzustellen. Mit den vereinten Kräften war der Sultan in der Lage, die Schwäche der Rebellen auszunutzen, die nach ihrer Niederlage zerbrochen waren. Der Sultan eroberte 1826 Athen und gab damit der Zentralregierung das Ruder wieder in die Hand.

Entscheidend für den Verlauf des Krieges sollte jedoch das Eingreifen der europäischen Mächte auf Seiten Griechenlands sein. Als sie erkannten, dass die Instabilität auf dem Balkan das Osmanische Reich weiter schwächen würde, entsandten Russland, Frankreich und Großbritannien 1827 Streitkräfte, um die Griechen im Kampf gegen die Osmanen zu unterstützen. Ihre Flotten, die im Sommer 1827 in der Nähe der Küste der Peloponnes eintrafen, trafen schließlich in der Nähe von Navarino auf die osmanisch-ägyptische Seestreitmacht, wo sich beide Seiten am 20. Oktober eine große Seeschlacht lieferten. Den überlegenen europäischen Streitkräften gelang es, die osmanische Flotte entscheidend zu schlagen, mehr als fünfzig muslimische Schiffe zu versenken und die osmanischen Garnisonen rund um Griechenland zur Kapitulation zu zwingen. Die Osmanen hatten ihre Ressourcen erschöpft und wurden schließlich besiegt.

Im Vertrag von Adrianopel von 1829 zwischen den Osmanen und den Russen wurde Griechenland als völlig autonome Region anerkannt, was 1830 mit dem Londoner Protokoll zur Anerkennung Griechenlands als souveräne, unabhängige Nation durch Großbritannien, Russland und Frankreich führte. Zwei Jahre später, 1832, erklärte die osmanische Regierung mit dem Vertrag von Konstantinopel Griechenland zu einem unabhängigen Nationalstaat.

Die serbischen und griechischen Aufstände waren ein deutliches Zeichen für die schwindende Macht der Osmanen. Der Nationalismus wurde von Tag zu Tag stärker, aber die Osmanen fanden keine passende Antwort darauf. Das Konzept unabhängiger Nationalstaaten war für große heterogene Reiche wie die Osmanen tödlich und führte zum territorialen Zerfall, wie die Ereignisse der 1820er Jahre zeigten.

Die Reformen Mahmuds II.

Mahmud II. führte Krieg gegen die Serben, die Griechen und die europäischen Mächte, die ihnen zu Hilfe kamen. Er führte auch Krieg gegen das Janitscharenkorps. Bis zur offenen Revolte der Griechen war es ihm gelungen, deren Einfluss stark zu schwächen. Er umgab sich mit loyalen Dienern und Offizieren und schlug heftig zurück, als die Janitscharen versuchten, sich den vom Sultan geplanten Veränderungen zu widersetzen. Im Jahr 1826 beispielsweise versuchten Tausende von Janitscharen, sich gegen die Zentralregierung aufzulehnen. Der Sultan ging brutal gegen sie vor, indem er die meisten von ihnen während der Vorfälle, die als „wohltätiges Ereignis" bekannt wurden, hinrichtete oder inhaftierte. Diese Art von Auseinandersetzungen zwischen dem Sultan und den gegnerischen Kräften veranlasste Mahmud II. dazu, die Ägypter um Hilfe im Krieg gegen die Griechen zu bitten. Seine Armeen waren geteilt, und die Loyalisten waren mit dem Kampf gegen die Janitscharen beschäftigt.

1831 schaffte Mahmud II. das jahrhundertealte Timar-System ab, was die endgültige Auflösung des Janitscharenkorps zur Folge hatte. Die Timare, die Ländereien, die nach der Eroberung von Gebieten an die militärische Führungsschicht verteilt wurden, waren lange Zeit die wichtigste Machtquelle der Janitscharen gewesen, denen es gelungen war, ihre Einnahmen nach Jahrhunderten der Kriege exponentiell zu steigern. Als die sultantreuen Truppen 1831 die Timare eroberten, zerstörten sie das Janitscharenkorps im Grunde von innen heraus. Die neue Armee, die nach den Bemühungen Selims noch weiter ausgebaut worden war, wurde zu einer zuverlässigen Kraft. Anstatt sich auf Eroberungen zu verlassen, um den Soldaten Land zu geben, zahlte der Sultan die Gehälter der Soldaten direkt aus der königlichen Schatzkammer. Diese Veränderungen lösten eine Kettenreaktion aus und führten zu Modernisierungen und der Notwendigkeit von Reformen in anderen Lebensbereichen. Obwohl das Osmanische Reich noch weit davon entfernt war, das europäische Fortschrittsniveau zu erreichen, hatte die Regierung zumindest einige Anstrengungen unternommen, um mit den anderen Großmächten gleichzuziehen.

Die Auflösung des Janitscharenkorps und die Schaffung einer professionelleren, zuverlässigeren Armee ermöglichten es Mahmud II. bald, mehr Macht in Istanbul zu erlangen. Im Zeitalter des Nationalismus, in dem der Ruf nach Freiheit und Liberalisierung in der ganzen Welt ertönte, bestand eine Möglichkeit für Reiche und Monarchien, mit der drohenden Krise umzugehen, darin, neue Kanäle der bürokratischen Kontrolle zu schaffen. Mahmud II. organisierte auch die Regierungsstruktur des Reiches neu. Er schuf neue Verwaltungsinstitutionen, die ihm dabei halfen, die Macht zu verteilen und die Verantwortlichkeiten aufzuteilen, die zuvor vom Großwesir übernommen worden waren. Mahmud eröffnete weiterhin Botschaften und entsandte Vertreter in verschiedene europäische Länder, was zu weiteren gesellschaftlichen Entwicklungen führte, da die Würdenträger den Osmanen in ihrer Heimat europäische Gesellschafts-, Politik- und Wirtschaftssysteme vorstellten.

Dank der neuen Systeme und einer wesentlich besseren Armee konnte Mahmud II. die Macht der Zentralregierung in Istanbul einigermaßen wiederherstellen. Die lokalen Gouverneure und Fürsten, die eine Bedrohung für die osmanische Herrschaft darstellten, wurden in Rumelien und Anatolien beseitigt. Der einzige Ort, an dem die Bemühungen des Sultans vergeblich waren, war Ägypten, dessen Herrscher Muhammad Ali sich 1831 in einer offenen Rebellion erhob, in Syrien einfiel und die osmanischen Streitkräfte in der Schlacht von Konya besiegte. Neun Jahre lang kämpften die Osmanen um die Wiedererlangung ihrer Vorherrschaft über die Ägypter, doch mit dem Londoner Vertrag von 1840 wurde Muhammad Ali als Herrscher Ägyptens anerkannt, obwohl einige verlorene Gebiete an Istanbul zurückgegeben wurden.

Das Tanzimat

Die Regierungszeit Mahmuds II. markiert einen radikalen Wandel im gesamten osmanischen Verständnis des politischen und sozioökonomischen Lebens des Reiches. Im Gegensatz zu anderen Herrschern, die vor ihm versucht hatten, Reformen einzuführen, war Sultan Mahmud II. fest entschlossen, sein Reich zu europäisieren, und glaubte, dass der einzig mögliche Weg zur Erreichung dieses Ziels darin bestand, sich von den traditionellen osmanischen Institutionen zu entfernen. Bis zum Ende seiner Herrschaft im Jahr 1839 hatte der Sultan seinen Untertanen seine Denkweise aufgezwungen, was sich noch etwa dreißig Jahre lang deutlich zeigen sollte, da Mahmuds Nachfolger weiterhin Veränderungen durchführten, die zur Entwicklung des Reiches beitragen sollten.

In der osmanischen Geschichte sind die Regierungszeiten von Sultan Abdülmecid I. (reg. 1839-1861) und Abdülaziz (reg. 1861-1876) als die Ära des Tanzimat („Reorganisation") bekannt geworden. Wie bereits erwähnt, brachte das Tanzimat große Veränderungen im Verwaltungs- und Gesellschaftsleben des Osmanischen Reiches mit sich, die die Entwicklungen innerhalb des Reiches stark beeinflussten. Das Tanzimat begann im November 1839, als Sultan Abdülmecid I. die wichtigsten Mitglieder seines Hofes sowie einheimische und ausländische Beamte im Rosengarten des Topkapi-Palastes in Istanbul versammelte. Dort erließ er ein neues königliches Dekret mit dem Namen Hatt-ı Şerif von Gülhane - das Edle Edikt von Gülhane.

Das Dekret enthielt viele wichtige Punkte und sollte das Leben im Osmanischen Reich für immer verändern. Vor allem übertrug es der Zentralregierung die Verantwortung für die Durchführung des Dekrets und verpflichtete das Reich zu einer Reihe wichtiger Reformen, darunter die Einführung eines neuen Rechtssystems, die Bekämpfung der Korruption in der Verwaltung und eine vollständige Überarbeitung des Steuersystems. Das Dekret verdeutlichte den Wunsch des Sultans, das Recht zur am meisten respektierten Instanz im Reich zu machen, und versprach eine gerechte Behandlung aller Untertanen, unabhängig von ihrem Status, ihrer Religion oder ihrer ethnischen Zugehörigkeit. Mit dem Dekret verpflichtete sich die Zentralregierung, die in dem Dokument aufgezeigten Probleme in Angriff zu nehmen, und mehr als drei Jahrzehnte lang versuchte sie systematisch, Neuerungen in allen Bereichen des Lebens einzuführen.

Das Dekret wich vom traditionellen osmanischen System ab, in dem das Reich nur eine vage Verantwortung für die Verteidigung seiner Untertanen hatte. Das Dekret weitete die Verantwortung der Regierung gegenüber allen Menschen, die innerhalb der Grenzen lebten, erheblich aus, was aus dem Europa des 19. Jahrhunderts übernommen wurde. Die Verteidigung des Volkes vor ausländischen Bedrohungen reichte nicht aus. Die verantwortlichen Osmanen erkannten, dass sie ihrem Volk dienen mussten, damit das Volk es ihnen gleich tat.

Die Regierung war in verschiedene bürokratische Institutionen unterteilt, in denen unterschiedliche Gruppen von Beamten an der Umsetzung verschiedener Änderungen arbeiteten. Ein stark zentralisiertes Verwaltungssystem erforderte gute Kommunikations- und Infrastruktursysteme. Eine der wichtigsten Entwicklungen, die das Tanzimat mit sich brachte, war daher der Bau von Verbindungsstraßen zwischen den verschiedenen Bevölkerungszentren des Reiches, vor allem in Anatolien und auf dem Balkan. Zusätzlich zu den Straßen wurden Eisenbahn- und Telegrafenlinien gebaut, deren Zentren sich in Istanbul befanden und die es der Zentralregierung erleichterten, Ressourcen und Informationen im gesamten Reich zu transferieren. Die zunehmende Vernetzung bedeutete auch einen Aufschwung für die osmanische Wirtschaft, die von den neuen Infrastrukturprojekten stark profitierte.

Ein wichtiger Teil des Tanzimats war die deutliche Verbesserung des osmanischen Bildungssystems, das, wie auch andere Aspekte des osmanischen Lebens, hinter dem übrigen Europa zurückgeblieben war.

Einige der vorangegangenen Sultane hatten Bildungsreformen vorangetrieben und neue Universitäten und Hochschulen gegründet, die auf verschiedene Bereiche spezialisiert waren. Im Laufe der Reformperiode wurden neue Institutionen gegründet, darunter die Schule für den öffentlichen Dienst im Jahr 1859, deren Absolventen in Regierungsführung und Verwaltung ausgebildet wurden.

Das Haupthindernis bestand jedoch darin, dass die muslimischen Millets (Singular Millet) (kleine Verwaltungsabteilungen) der Mehrheit der jungen Bevölkerung immer noch eine streng islamische Erziehung vermittelten. Mit der Einführung der Rushdiye-Schulen (den ersten öffentlichen Bildungseinrichtungen im Osmanischen Reich) vermittelte die Regierung den jugendlichen Absolventen der Millets eine säkulare Bildung, die auf den traditionellen islamischen Werten aufbaute, die ihnen in ihrer Jugend beigebracht worden waren, und sie so ausbildete, dass sie für die moderne Welt gerüstet waren. Obwohl die Millets den Jugendlichen keine Geistes- oder modernen Wissenschaften beibrachten, würde ein eklatanter Verstoß gegen die Millets die muslimische Ulama, die immer noch ein einflussreicher Akteur im Reich war, verärgern und zu einem Konflikt zwischen der Regierung und den religiösen Beamten führen.

1846 wurde ein völlig neues System von Primar- und Sekundarschulen eingeführt, das die traditionellen und modernen Elemente der Bildung miteinander verband und zur Schaffung eines kohärenten Bildungssystems beitrug. Nach Abschluss dieser Stufen wurden die Jugendlichen ermutigt, je nach ihren Interessen und Fähigkeiten eine der Universitäten des Reiches zu besuchen. Alles in allem schuf das Tanzimat im Wesentlichen die Grundlage für die dringend benötigten weltlichen Bildungsmöglichkeiten im Osmanischen Reich und ermöglichte Hunderttausenden osmanischer Jugendlicher eine Ausbildung.

Das Tanzimat veränderte auch das Finanz- und Rechtssystem des Osmanischen Reiches grundlegend. Die ernannten Verwaltungsbeamten waren nun für die Steuererhebung zuständig und das Verfahren wurde vereinfacht. Die Rechtsreformen zielten auch auf die Modernisierung (aber nicht auf die vollständige Abschaffung) der islamischen Scharia ab, die eine der Grundlagen des Reiches gewesen war. In den drei Jahrzehnten des Tanzimats wurden zahlreiche neue Gesetzbücher verfasst und erlassen, die Mitte der 1870er Jahre die Grundlage für die erste schriftliche Verfassung des Osmanischen Reiches bildeten. Diese

Änderungen, die sich stark an den französischen und britischen Rechtssystemen orientierten, dienten vor allem der Verbesserung der allgemeinen Lebensqualität aller osmanischen Untertanen.

Trotz des relativen Erfolgs des Tanzimats war die Zeit von Ende der 1830er bis Mitte der 1870er Jahre für das Osmanische Reich keineswegs einfach, da es sich nicht nur in einer Reihe von Kriegen gegen seine Untertanen und ausländische Mächte befand, sondern auch auf den Widerstand konservativer Akteure im Inland stieß. Das grundlegende Problem der Reorganisationszeit war der Mangel an finanziellen Mitteln, da die Reformen viel Geld erforderten. Die durchgeführten Reformen trugen zwar zum Wirtschaftswachstum bei, doch unabhängig von den kurzfristigen Gewinnen, investierte die Regierung das Geld häufig wieder, um weitere Veränderungen durchzuführen.

Auch interne Rebellionen und Kriege stellten die Einheit des Reiches vor große Probleme. Neben dem Krieg mit Muhammad Ali aus Ägypten, der Anfang 1841 zur ägyptischen Autonomie führte, wurde die osmanische Oberhoheit auch auf dem Balkan in Frage gestellt, wo die von Russland geförderte panslawistische Ideologie ein Wiedererstarken erlebte. Angeregt durch die jüngsten Erfolge der griechischen und – in geringerem Maße – der serbischen Nationalbewegung brachen in Bosnien und Montenegro immer wieder Aufstände aus, wobei die Rebellen von Serbien und Russland unterstützt wurden. Obwohl die osmanische Macht gegenüber den rebellierenden Nationen auf dem Balkan bis Mitte der 1870er Jahre wiederhergestellt wurde, musste die Krone ihren Minderheiten erhebliche Zugeständnisse machen und ihnen sogar mehr Autonomierechte einräumen. Am Ende des Tanzimats standen die christlichen Regionen des Reiches zwar formal immer noch unter der Kontrolle der Zentralregierung, agierten aber weitgehend als völlig unabhängige Nationen und nutzten die begrenzte Autorität der Krone in ihren Gebieten.

Das Osmanische Reich befand sich auch in einem weiteren Krieg mit Russland, der 1853 wegen der Krim ausbrach. Russland, das sich als Verfechter der Orthodoxie verstand, verfolgte seit langem eine ziemlich raffinierte Außenpolitik zur Unterstützung der orthodoxen Minderheiten auf dem Balkan, die für die osmanische Regierung stets eine Bedrohung darstellten. Die Spannungen zwischen den beiden Seiten erreichten ihren Höhepunkt, als die Osmanen die katholischen Ansprüche auf die Rechte an den heiligen Stätten in Jerusalem unterstützten. Russland unterstützte die orthodoxen Völker und stellte sich gegen Rom. So marschierte Nikolaus I. von Russland in die von den Osmanen kontrollierte Walachei und Moldau ein, doch die Osmanen konnten die Russen mit Hilfe der Europäer, namentlich der Franzosen und Briten, die ihre Flotten ins Schwarze Meer schickten, um die Situation zu deeskalieren, besiegen.

Obwohl die Osmanen in der Seeschlacht von Sinope im November 1853 eine schwere Niederlage gegen die Russen erlitten, führten ihre gemeinsamen Militäraktionen mit den Franzosen und den Briten schließlich zum Fall von Sewastopol und zwangen Russland, Frieden zu schließen. Trotz des Sieges in diesem Krieg hatte das Osmanische Reich keine unmittelbaren Vorteile davon, obwohl Russlands Position in den umkämpften Regionen und am Schwarzen Meer geschwächt wurde.

Die Reaktion auf das Tanzimat

Trotz der Maßnahmen, die während des Tanzimats ergriffen wurden, geriet das Osmanische Reich in der zweiten Hälfte der 1870er Jahre in eine sehr schwierige Phase der Instabilität. Die finanziellen Probleme des Reiches zeigten sich in den 1870er Jahren, als eine Reihe unglücklicher Ereignisse zu massiver Unzufriedenheit führte. Um mit den Reformen Schritt zu halten, das Wirtschaftswachstum zu fördern und neues bürokratisches Personal auszubilden, verschuldete sich das Osmanische Reich zunächst sehr stark. Die Kriege gegen die aufständischen Provinzen in den 1850er und 1860er Jahren führten nur zu weiteren finanziellen Schwierigkeiten, während der Krimkrieg dem Osmanischen Reich keine nennenswerten Gewinne einbrachte. So musste die Krone mehrere ausländische Kredite in Höhe von mehreren Millionen Pfund aufnehmen. Die Schulden und die ungünstigen klimatischen Bedingungen der Jahre 1873 und 1874 verunsicherten die Bevölkerung noch mehr.

Darüber hinaus waren die kurz zuvor niedergeschlagenen Aufstände auf dem Balkan noch immer nicht beendet, und das Reich trat 1877 in einen weiteren Krieg mit Russland über den Status seiner christlichen Untertanen auf dem Balkan ein. Die osmanische Hauptstreitmacht wurde Ende 1877 in der Schlacht von Plevna besiegt, was Istanbul dazu zwang, um Frieden zu bitten. Der Vertrag von San Stefano, der im März 1878 zwischen den Osmanen und den Russen unterzeichnet wurde, zwang das Osmanische Reich, die Kontrolle über seine Besitzungen auf dem Balkan aufzugeben und die Autonomie Bulgariens sowie die Unabhängigkeit Serbiens, Montenegros und Rumäniens anzuerkennen.

Russland gewann die Kontrolle über die umstrittenen Gebiete in Ostanatolien zurück, darunter Kars, Batum und Ardahan. Obwohl der Vertrag auf der Berliner Konferenz im Juni desselben Jahres mit geringfügigen territorialen Änderungen revidiert wurde, wurde das Osmanische Reich durch das Ergebnis dennoch erheblich geschwächt: Es verlor die Kontrolle über etwa 8 Prozent seines Gesamtgebiets und 4,5 Millionen Untertanen. Bulgarien, das nominell unter osmanischer Kontrolle blieb, war weitgehend ein russischer Satellit. Österreich besetzte und verwaltete Bosnien. Rumänien, Montenegro und Serbien, die nun unabhängige Staaten waren, gewannen neue Gebiete hinzu, und Großbritannien übernahm die Kontrolle über die Insel Zypern.

Nach der Berliner Konferenz wurden die europäischen Gebiete der Osmanen auf Thrakien, Mazedonien und Teile Albaniens reduziert, und die Besitzungen des Reiches waren von allen Seiten von Feinden umgeben. Die Europäer kamen auch, um ihr Geld von den Osmanen einzutreiben, was zur Gründung der Osmanischen Schuldenverwaltung (OPDA) führte, die zwar die Gesamtverschuldung verringerte, aber die wirtschaftlichen Probleme des Reiches immer noch nicht ausreichend lösen konnte. Im Laufe der Jahre, als der ausländische Einfluss auf Istanbul zunahm, fungierte die OPDA nicht mehr nur als eine Einrichtung zur Kontrolle der Staatsschulden. Stattdessen begann sie, zwischen europäischen Finanzinstitutionen zu vermitteln, die im Osmanischen Reich investieren wollten, und wurde selbst zu einer einflussreichen Institution.

Parallel zu den osmanischen Kämpfen in außen- und innenpolitischen Kriegen erlebte das Reich in den 1870er Jahren eine starke Ausbreitung der politischen Kultur, die zum Teil auf die Entwicklungen im Bildungswesen zurückgeführt werden kann. Je mehr osmanische Jugendliche eine moderne Ausbildung erhielten, reisten und das Leben in anderen europäischen Ländern kennenlernten, desto mehr begannen sie, sich zu versammeln und ihre Ideen untereinander auszutauschen, und gründeten schließlich Gesellschaften, in denen sie ihre politischen Ansichten zum Ausdruck bringen konnten. Die bedeutendste Organisation waren die *Jungosmanen*, die Menschen mit unterschiedlichen Überzeugungen vereinten und zu einer der ersten türkischen nationalistischen Bewegungen der Geschichte wurden. Unter der Führung von Namik Kemal strebten die Jungosmanen die Schaffung einer konstitutionellen Monarchie an, in der die Macht des Sultans durch die in der Verfassung festgelegten Institutionen begrenzt und kontrolliert werden sollte. Obwohl sie ihren Wunsch nach Modernisierung und ihre Bewunderung für Europa zum Ausdruck brachten, lehnten die Jungosmanen die Reformen des Tanzimats ab, da sie sie für zu radikal westlich orientiert hielten. Sie wollten die traditionellen islamischen Wurzeln des Reiches nicht aufgeben.

Ironischerweise wurden die Jungosmanen, als sie mehr Anhänger gewannen und ihre politische Kultur ausweiteten, durch die Veränderungen des Tanzimats, das die Übermittlung von Informationen erleichterte, stark unterstützt. Das Tanzimat trug dazu bei, Zeitungen zu gründen, die Infrastruktur zu entwickeln und die Freiheiten zu erweitern. Als sich das Reich 1876 in einer Krise befand, wurden die Ansichten der Jungosmanen von den Mitgliedern des Hofes und der Verwaltung weitgehend geteilt. Als Sultan Abdul Hamid II. 1876 nach einem kurzen Nachfolgedilemma in sein Amt eingeführt wurde, drängte das neue Ministerkabinett unter der Leitung von Midhat Pascha auf die Umsetzung konservativerer Reformen, einschließlich der Verabschiedung einer Verfassung.

Die osmanische Verfassung, die im Dezember 1876 unterzeichnet und erlassen wurde, war eine der ersten Verfassungen in der islamischen Welt. Obwohl das Ziel die Schaffung einer konstitutionellen Monarchie war, in der die Macht des Souveräns durch andere Institutionen eingeschränkt werden sollte, erklärte die osmanische Verfassung stattdessen die oberste Autorität des Sultans, den sie auch als „Kalifen und obersten Beschützer der gesamten muslimischen Welt" bezeichnete. Der Sultan behielt seine volle Exekutivgewalt und konnte seine Minister und Mitarbeiter ernennen. Für die Gesetzgebung wurde ein Zweikammerparlament eingeführt, das aus dem Senat (der vom Sultan ernannt wurde) und der Abgeordnetenkammer (deren Vertreter alle vier Jahre gewählt wurden) bestand. Mit der osmanischen Verfassung von 1876 wurden dem Sultan also nicht wirklich seine Befugnisse entzogen, aber es wurden die Aufgaben des neuen Parlaments aufgezeigt.

Alles in allem werden die Verfassung und die Herrschaft Abdul Hamids II. weitgehend als Reaktion auf die vorangegangene Tanzimat-Ära betrachtet. Auf die Reformen der Tanzimat-Ära, die von den Jungosmanen und vielen Beamten des Reiches als zu westlich angesehen wurden, folgte die osmanische Verfassung, die dem Sultan zwar nicht die Macht entriss, aber dennoch den Grundstein für die Schaffung einer konstitutionellen Monarchie legte.

Die Revolution der Jungtürken

Vielleicht hatte die osmanische Verfassung von 1876 nicht ganz das erreicht, was sie angestrebt hatte, denn das Reich war noch weit davon entfernt, eine gut funktionierende konstitutionelle Monarchie zu werden. Die Regierungszeit von Sultan Abdul Hamid II., die mit der Verkündung der Verfassung begann, sollte jedoch nicht als eine Zeit des weiteren Niedergangs betrachtet werden. Im Gegensatz zu einigen seiner Vorgänger, denen es aufgrund ihrer persönlichen Streitigkeiten und ihrer Abneigung gegen Veränderungen nicht gelungen war, das Reich kompetent zu führen, konnte Abdul Hamid II. die Position des Reiches einigermaßen festigen. Als Sultan mit praktisch unbegrenzter Macht bemühte er sich, die territoriale Integrität des Osmanischen Reiches zu bewahren, nachdem jahrzehntelange innere Instabilität zur Unabhängigkeit der Balkanstaaten geführt hatte.

Unter der Herrschaft von Abdul Hamid II. gab es einige Verbesserungen im Reich. Er setzte die während des Tanzimats eingeführte Wehrpflicht fort und investierte viel in die weitere Modernisierung der osmanischen Armee. Er versuchte, militärische Ausrüstung von europäischen Mächten zu kaufen, da ihm die Mittel fehlten, sie im Reich selbst herzustellen. Unterstützt von seinem Großwesir Mehmed Said Pascha, dem er vertraute, strebte der Sultan nach absoluter Macht über seine Untertanen und schuf ein komplexes Spionagenetz und eine neue Polizei zur Aufrechterhaltung der Ordnung. Die osmanische Verfassung erklärte ihn zum obersten Beschützer aller Muslime und veranlasste ihn, Projekte zu finanzieren, die seine Position als Kalif festigen sollten. Dank des Ausbaus der regionalen Infrastruktur konnte der Sultan die Verbindungen im überwiegend muslimischen Teil seines Reiches verbessern, indem er Telegrafen- und Eisenbahnlinien in Südostanatolien, Syrien und Palästina baute und Damaskus mit Medina durch die 1908 fertiggestellte Hedschasbahn verband.

Dennoch war der Sultan bei den liberaleren Osmanen eher unbeliebt, da sie der Meinung waren, dass er seine Macht zu oft ausnutzte, um sich die Gunst der muslimischen Bevölkerung zu sichern, während er seine anderen Untertanen benachteiligte. Die Tatsache, dass er das Parlament nicht einmal ein Jahr nach seiner Einführung aufgelöst und nie wieder einberufen hatte, war sicherlich ein großes Problem. Für sie war dieser Akt eindeutig undemokratisch und verstieß gegen die Verfassung.

Diese Personen protestierten auch gegen die brutale Unterdrückung der armenischen Bevölkerung. Obwohl die Armenier zumindest größtenteils loyale christliche Untertanen des Reiches gewesen waren (im Gegensatz zu den Minderheiten auf dem Balkan, die bei vielen Gelegenheiten rebelliert hatten), begann Abdul Hamid II. nach seiner Machtübernahme, ihnen zunehmend ihr Land zu nehmen und förderte die muslimische Auswanderung. Hunderttausende von Armeniern waren gezwungen, ihre Heimat in Ostanatolien zu verlassen und weiter nach Osten zu ziehen, was zur Entstehung von nationalistischen Bewegungen führte, die sich gegen die Unterdrückung wehren wollten. Darüber hinaus schuf der Sultan ab 1891 spezielle muslimische Polizeikräfte, die die Armenier in ganz Ostanatolien und im Südkaukasus brutal verfolgten.

Die Verfolgung der Armenier fiel mit dem Verlust osmanischer Gebiete in Nordafrika zusammen, was die feindliche Stimmung gegenüber dem Sultan in den gebildeten Bevölkerungsschichten noch verstärkte. 1881 und 1882 verlor das Osmanische Reich seinen Einfluss in Tunis und Ägypten an die Franzosen bzw. die Briten. Diese Teile des Reiches fungierten bereits als weitgehend autonome Regionen, obwohl sie formal noch unter osmanischer Oberhoheit standen. Die Europäer betrachteten sie jedoch seit langem als ihre Einflusssphären und besetzten sie in der ersten Hälfte der 1880er Jahre. Obwohl diese Gebiete formal bis zum Ersten Weltkrieg unter osmanischer Kontrolle bleiben sollten, signalisierte die Besetzung von Ägypten und Tunis durch britische und französische Truppen die Schwäche des Sultans.

Seit den ersten Jahren der Herrschaft von Abdul Hamid II. nahm die Zahl derer, die dem Sultan nicht wohlgesonnen waren, stark zu, sie schlossen sich zu Untergrundgesellschaften zusammen und planten zahlreiche Verschwörungen gegen ihn. Es gab das Komitee für Einheit und Fortschritt (KEF), das sich als Nachfolger der Jungosmanen betrachtete und gemeinhin als „Jungtürken" bezeichnet wurde. Das KEF war die bekannteste türkische nationalistische Bewegung, die nicht nur im Reich, sondern auch außerhalb seiner Grenzen, z. B. in Frankreich, viele Anhänger hatte. Die Jungtürken trafen sich häufig in Städten wie Paris, wo sie ihre Vorstellungen von ihrem Land diskutierten und mehrere Zeitungen herausgaben, in denen sie ihre Anliegen zum Ausdruck brachten. Obwohl einige der Fraktionen der Jungtürken ideologisch aneinandergerieten, insbesondere wenn es um die Einmischung Europas in die osmanischen Angelegenheiten ging, waren sich die wichtigsten Denker der Gruppe einig, dass das Osmanische Reich grundlegend reformiert werden musste. Sie waren der Ansicht, dass der Sultan zu viel Macht und Autorität besaß, die nicht den Standards der übrigen entwickelten Welt entsprachen. Unter der Führung prominenter liberaler und konservativer osmanischer Exilanten festigten die Jungtürken langsam ihre Macht und gewannen bei den einfachen Bürgern und den Mitgliedern der oberen Schichten genügend Zulauf.

Schließlich traten die Jungtürken 1908 als Vorreiter einer Revolution auf, stürzten das Regime von Abdul Hamid II. und errichteten an dessen Stelle nach monatelangen politischen Prozessen eine konstitutionelle Monarchie. Das KEF zettelte jedoch keine Rebellion an oder stürmte den Topkapi-Palast, um den Sultan abzusetzen. Stattdessen fanden die Jungtürken den Funken der Revolution unter den Mitgliedern der osmanischen Dritten Armee, die zu dieser Zeit in Mazedonien stationiert war. Im Frühsommer 1908 meuterte der größte Teil der Armee unter der Führung von Major Ahmed Niyazi, dem sich später der Offizier Ismail Enver anschloss, verstreute sich in der Region und organisierte sich in Guerillabanden. Sie besiegten alle Truppen, die der Sultan zur Unterdrückung der Meuterei entsandt hatte. Der Grund für die Meuterei ist nicht ganz klar, aber die meisten Historiker glauben, dass die schwierigen Bedingungen und die harte Behandlung der Armee die Männer dazu veranlassten, sich gegen den Sultan aufzulehnen.

Bald gelang es der Dritten Armee, die Stadt Edirne unter ihre Kontrolle zu bringen und sie kam Istanbul gefährlich nahe. Ihre Zahl wuchs von Tag zu Tag, und es schlossen sich Menschen aus verschiedenen Teilen des Reiches an. Am 24. Juli erkannte Sultan Abdul Hamid II., dass er die Revolutionäre nicht mehr überwältigen konnte, und aus Angst vor der Absetzung gab er ihren Forderungen nach.

Erklärung der jungtürkischen Revolution von 1908

https://commons.wikimedia.org/wiki/File:Declaration_of_the_1908_Revolution_in_Ottoman_Empire.png

Die genaue Beziehung zwischen dem KEF und den Anführern der Dritten Armee ist nicht geklärt, obwohl bekannt ist, dass viele Meuterer ähnliche antimonarchische Ansichten vertraten und glaubten, dass das Regime von Abdul Hamid nur zum weiteren Niedergang des Reiches führen würde. Ihre Überzeugung wurde vor allem durch den ständigen Verlust osmanischer Macht und osmanischen Einflusses in verschiedenen Regionen des Reiches bestärkt. Ihre Hauptforderung war jedoch die Wiederherstellung der osmanischen Verfassung von 1876, der der Sultan zustimmte. Als jedoch das Zweikammerparlament wieder eingeführt wurde, zeigte sich bald, dass die Revolutionäre nicht recht wussten, was sie nach ihrer Machtübernahme tun sollten. Sie hatten keine Pläne für die Regierungsbildung. Nach der Wahl des liberalen Kamil Pascha zum neuen Großwesir trat der osmanische Senat im Dezember 1908 zum ersten Mal seit über drei Jahrzehnten wieder zusammen. Zahlreiche politische Parteien, die sich aus Angehörigen der unteren Schichten zusammensetzten, wurden gegründet und kandidierten für die Abgeordnetenkammer, die im Januar 1909 erstmals zusammentrat.

Die zweite Verfassungsära

Damit begann die so genannte zweite Verfassungsära des Osmanischen Reiches, die bis zum Zusammenbruch des Reiches im

Jahr 1922 andauern sollte. Nachdem das Parlament wiederhergestellt und die Befugnisse des Sultans stark eingeschränkt worden waren, versuchte Abdul Hamid, seine Anhänger noch einmal für den Widerstand gegen die Jungtürken zu mobilisieren. Trotz einer Reihe von Versprechungen, wie der Wiederherstellung des großen islamischen Kalifats und der Rückkehr zum Rechtssystem der Scharia, waren Abdul Hamids Bemühungen vergeblich. Im April 1909 revoltierten Teile der Armee, die die Ansprüche des Sultans unterstützten, gegen die jungtürkische Regierung und versuchten, die Macht an sich zu reißen (Zwischenfall vom 31. März, benannt nach dem alten Julianischen Kalender). In nur elf Tagen gelang es der Zentralregierung jedoch, die Ordnung wiederherzustellen. Die Meuterer wurden inhaftiert, und Abdul Hamid II. wurde schließlich abgesetzt. Mehmed V. löste ihn als neuen Sultan ab.

Obwohl das KEF die Ordnung im Reich wiederhergestellt hatte, war die Regierung noch weitgehend unorganisiert. Die Jungtürken waren in jeder Hinsicht jung und unerfahren, wenn es darum ging, ein so großes Reich zu regieren, das sich in einer Phase des Niedergangs befand. Trotz ihrer Versprechen und Hoffnungen, das Osmanische Reich vor dem völligen Zusammenbruch zu bewahren, änderte sich nichts wirklich. Bei den Wahlen von 1912 gewann das KEF erneut die Mehrheit im Parlament, doch ihr Erfolg wurde von der Niederlage des Osmanischen Reiches gegen Italien an der libyschen Küste Nordafrikas überschattet. Die Italiener zerschlugen die osmanische Armee, die zwar stark modernisiert, aber nicht auf dem Niveau Italiens war.

Man muss dazu sagen, dass das KEF versuchte, in Krisenzeiten einen bewaffneten Konflikt zu vermeiden, und den Italienern die De-facto-Kontrolle über die Region anbot, ähnlich wie in Ägypten (das nominell noch ein osmanisches Gebiet war, aber unter britischer Besatzung stand). Dennoch eskalierte die Situation im September 1911 und endete mit einem entscheidenden italienischen Sieg, der die neue Regierung in Istanbul demütigte und ein weiteres Jahr der Instabilität in der Hauptstadt einläutete.

Die Gebietsverluste gegenüber den Italienern waren nicht das einzige außenpolitische Problem der Osmanen. Im Jahr 1908 annektierte Österreich-Ungarn Bosnien und Herzegowina, die formal noch unter osmanischer Kontrolle standen. Im selben Monat erklärte Bulgarien, unterstützt vom Russischen Reich, seine Unabhängigkeit von den Osmanen und verdrängte die Türken fast vollständig aus Südosteuropa.

Die jungtürkische Regierung konnte auf diese Probleme, die die territoriale Integrität des Reiches bedrohten, nicht ausreichend reagieren, da beide Konflikte mit dem Machtkampf im Reich zusammenfielen.

In der zweiten Hälfte des Jahres 1912 befanden sich die Osmanen in einem weiteren Krieg, dieses Mal mit der Koalition der neu gegründeten Balkanstaaten – Griechenland, Bulgarien, Serbien und Montenegro. Diese Nationen hatten in einer Reihe von geheimen und öffentlichen Verhandlungen den Balkanbund gegründet. Im Oktober 1912, als sich der Krieg der Osmanen gegen Italien dem Ende zuneigte, erklärten die Mitglieder des Bündnisses dem Reich nacheinander den Krieg. Bis zum Ende des Jahres gelang es ihnen, die osmanischen Streitkräfte auf dem Balkan entscheidend zu besiegen. Nach mehreren Siegen zu Lande und zur See zwang die Balkanliga die Osmanen bis nach Istanbul zurück, woraufhin die Osmanen um Frieden baten und große Gebiete an die feindlichen Nationen abtraten.

Innerhalb weniger Monate bekriegten sich die Mitglieder des Balkanbundes, doch das Osmanische Reich konnte das Chaos in der Region nicht ausnutzen, schlug sich auf die Seite Bulgariens und erlitt schließlich eine erneute Niederlage. Es war nicht in der Lage, die verlorenen Gebiete zurückzuerobern. Nach einem Jahr des Konflikts wurden die Friedensverhandlungen Ende 1913 abgeschlossen, und das Osmanische Reich verlor fast alle seine europäischen Gebiete, einschließlich Mazedonien und Albanien. Das Reich behielt lediglich die Kontrolle über einen kleinen Teil von Südthrakien, zu dem auch die Stadt Edirne gehörte.

Im Juni 1913 konsolidierte das KEF nach der Ermordung des Oppositionsführers Schewket Pascha schließlich seine Macht und begann mit der Umsetzung einiger Veränderungen, die es für die weitere Modernisierung des Reiches als notwendig erachtete. Die Verwaltungsreform von 1913 betraf die Aufteilung der Provinzen innerhalb des Reiches, und mit dem neuen System konnten die Jungtürken mehr Geld durch Steuern einnehmen. Die Regierung bemühte sich auch um eine Modernisierung des Rechts. Sie gab die Scharia nicht vollständig auf, sondern führte neue Gesetzbücher ein, die im alten islamischen Recht nicht sehr ausführlich behandelt wurden. Die Jungtürken förderten die Entwicklung und Industrialisierung, was der Wirtschaft zu einem leichten Aufschwung verhalf. Mit dem Bau mehrerer neuer Fabriken in Anatolien wurde in der zweiten

Verfassungsära begonnen. Darüber hinaus setzte sich die liberale Regierung für eine stärkere Liberalisierung der sozialen und politischen Kultur des Reiches ein, förderte die Meinungsfreiheit und regte die Gründung von Zeitungen und anderen Medien an.

Der Erste Weltkrieg

Als der Erste Weltkrieg zwischen den Mittelmächten und den Alliierten begann, ein Konflikt, der die Weltgeschichte für immer prägen sollte, hatte die jungtürkische Regierung des Osmanischen Reiches zumindest versucht, mit dem Rest der modernen Welt gleichzuziehen. Trotz einiger Fortschritte bei den inneren Reformen gelang es den Jungtürken nicht, das Osmanische Reich von Grund auf umzugestalten, wie sie es sich ursprünglich gewünscht hatten. Die außenpolitischen Katastrophen der Jungtürken hatten das türkische Nationalgefühl im gesamten Reich verstärkt, das immer homogener wurde, da immer mehr ethnische Minderheiten der Oberhoheit entkamen. Andere europäische Großmächte bezeichneten das Osmanische Reich oft als den „kranken Mann Europas" und wiesen darauf hin, dass es ein sterbendes Reich sei, das mit der modernen Zeit nicht Schritt halten könne.

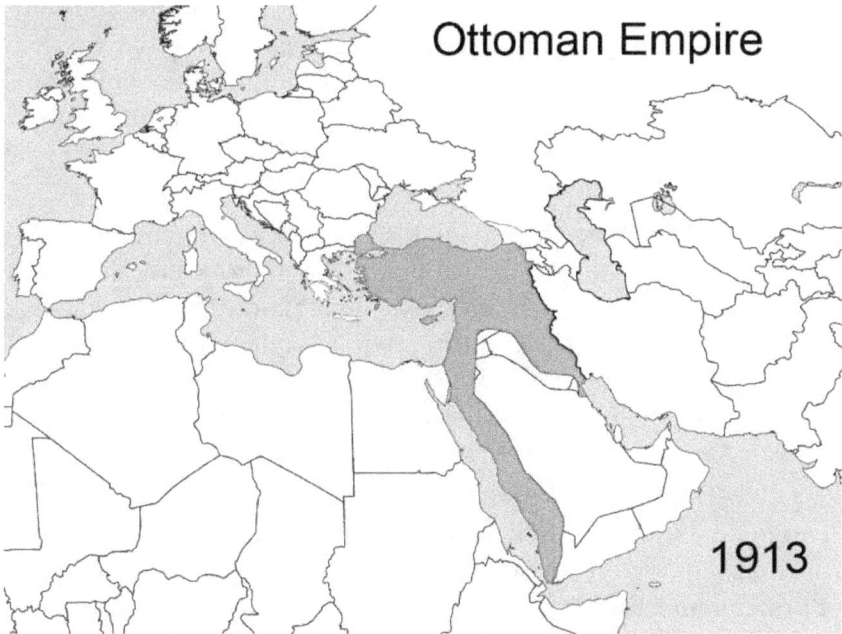

Das Osmanische Reich vor Beginn des Ersten Weltkriegs

Die Niederlagen des Osmanischen Reiches und der Verlust so vieler Gebiete vor 1914 spielten eine große Rolle bei der Entscheidung der Regierung, im Oktober 1914 in den Ersten Weltkrieg einzutreten. Im Gegensatz zu anderen Kriegsparteien waren die Osmanen nicht von Anfang an in den Konflikt verwickelt (der Krieg begann im Sommer 1914). Das Reich hatte es vermieden, Teil des komplexen Bündnissystems zu sein, das die europäischen Nationen miteinander verband und sie zwang, sich in Kriegszeiten gegenseitig zu helfen. Doch wie schon im Zweiten Balkankrieg wählte das Osmanische Reich seine Verbündeten falsch aus und trat auf der Seite Deutschlands und Österreich-Ungarns in den Krieg ein.

Die Gründe für diese Entscheidung sind vielfältig. Historiker verweisen vor allem auf den deutschen Einfluss auf die osmanische Regierung, der letztlich den Ausschlag für den Eintritt der Osmanen auf die Seite der Mittelmächte gegeben haben soll. Deutschland, das neben Großbritannien vielleicht die stärkste Fraktion im Ersten Weltkrieg war, hatte die jungtürkische Regierung unterstützt. Deutschland hatte nicht nur viele Infrastrukturprojekte des Osmanischen Reiches finanziert, sondern auch deutsche Offiziere entsandt, um das osmanische Militär nach europäischen Standards auszubilden. Außerdem führten die Deutschen zu Beginn des Krieges relativ erfolgreiche Offensiven an der Westfront. Es sah so aus, als würden die Mittelmächte sehr schnell als Sieger aus dem Konflikt hervorgehen, was sich letztendlich als falsch herausstellte, da Deutschland und seine Verbündeten nach vier Jahren blutiger Kämpfe besiegt wurden.

Doch 1914 glaubte das osmanische Oberkommando unter der Führung von Kriegsminister Ismail Enver Pascha (derselbe Ismail Enver, der 1908 gemeutert hatte), dass ein Kriegseintritt an der Seite der Mittelmächte zur Rückgewinnung der auf dem Balkan verlorenen Gebiete führen würde. Am 29. Oktober 1914 ordnete das osmanische Oberkommando die Bombardierung der russischen Hafenstädte am Schwarzen Meer an, was zur Kriegserklärung führte.

Zur Überraschung vieler leistete das Osmanische Reich einen bedeutenden Beitrag zu den Kriegsanstrengungen und verteidigte seine Territorien an vielen verschiedenen Fronten gegen die Streitkräfte Großbritanniens, Russlands und Frankreichs. Nach der festgefahrenen Pattsituation an der Westfront gelang es den Osmanen, die alliierte Invasion in Gallipoli erfolgreich abzuwehren - einer der größten Siege der Mittelmächte in diesem Krieg. Obwohl das Osmanische Reich einige kleinere Verluste erlitt, konnte es die Russen im Kaukasus weitgehend besiegen und die britischen Offensiven im Nahen Osten dank der finanziellen Unterstützung Deutschlands stoppen. Ein blutiger Fleck auf dem Erbe des Osmanischen Reiches war die brutale Unterdrückung der armenischen Bevölkerung im Verlauf des Krieges, als die osmanischen Truppen mehr als eine Million Armenier massakrierten, was als Völkermord an den Armeniern bezeichnet wurde. Die Unterdrückung von Minderheiten durch das Osmanische Reich, die durch den aufkommenden türkischen Nationalismus begünstigt wurde, ist bis heute eine der schrecklichsten Taten des Ersten Weltkriegs.

Trotz ihrer Erfolge auf dem Schlachtfeld waren die Osmanen mit den Problemen konfrontiert, die ein langer Krieg mit sich bringt. Nach der anfänglichen Pattsituation war es für die Mittelmächte schwierig, die alliierten Schützengräben zu durchbrechen, so dass keine nennenswerten Fortschritte erzielt werden konnten. An der Ostfront war Russland, auch dank der Bemühungen der Osmanen und der russischen Revolution, gezwungen worden, einen separaten Friedensvertrag zu unterzeichnen, aber das reichte immer noch nicht aus, um den Sieg zu erringen. Italien und die Vereinigten Staaten traten schließlich auf der Seite der Alliierten in den Krieg ein und stellten genügend Ressourcen zur Verfügung, um die Mittelmächte zu überwältigen.

Während dieser ganzen Zeit litt die osmanische Bevölkerung unter harten Lebensbedingungen, da die Kriegsanstrengungen schwere wirtschaftliche Probleme verursachten. Die Menschen waren verärgert über die Regierung, die zwar ihre Gebiete weitgehend verteidigte, aber keinen Sieg im Krieg erringen konnte. Als die Alliierten sich den Mittelmächten näherten, wurde die Lage verzweifelt. Mit dem Fall Bulgariens Ende September 1918 musste die jungtürkische Regierung einsehen, dass der Krieg verloren war, und trat am 7. Oktober zurück. Zwei Tage später wurde eine neue Regierung unter Ahmed Izzet Pascha gebildet, und die alliierten Truppen besetzten die Hauptstadt. Am Ende des Monats stimmten die Osmanen dem Waffenstillstand von Mudros zu und beendeten damit ihre Beteiligung am Ersten Weltkrieg.

Die Auflösung des Reiches und die Entstehung der Türkei

Das besiegte Osmanische Reich wurde von den siegreichen Alliierten aufgeteilt, wobei Teile des Reiches von Frankreich, Großbritannien, Italien und Griechenland besetzt wurden. Die endgültigen

Friedensbedingungen, die den Verlust des größten Teils des Reichsgebiets zur Folge hatten, wurden jedoch erst im August 1920 von den Alliierten vorgelegt. Der Vertrag von Sèvres reduzierte die Besitzungen des Osmanischen Reiches auf Teile Anatoliens. Die nahöstlichen Provinzen des Reiches wurden zwischen Großbritannien und Frankreich aufgeteilt, während Griechenland den Rest der europäischen Territorien bekam. Griechenland kontrollierte auch Smyrna und die umliegenden Gebiete, während Italien die südanatolische Küste besetzte. Der neu geschaffene souveräne Staat Armenien erhielt die Kontrolle über einen Teil Ostanatoliens, darunter die Städte Trapezunt und Erzurum. In den Augen vieler waren die Osmanen von den besiegten Großmächten am meisten gedemütigt worden.

Die demütigende Teilung des Reiches verstärkte die Stimmen der türkischen Nationalisten, die gegen diese abscheuliche Aufteilung der osmanischen Gebiete protestierten und darin einen Eingriff in die osmanische Souveränität durch die siegreichen Nationen sahen. Zu den lautstarken Anführern der türkischen Nationalisten gehörte Mustafa Kemal Pascha, ein osmanischer Offizier, der sich während des Krieges in verschiedenen Feldzügen durch seine Tapferkeit ausgezeichnet hatte. Nach der Besetzung des Reiches durch die Alliierten und vor der offiziellen Teilung im Jahr 1920 wurde er zum Generalinspekteur der osmanischen Streitkräfte in Anatolien ernannt und erlangte noch mehr Ansehen. Im Mai 1919 organisierte Mustafa Kemal die nationalistisch gesinnten Demonstranten in einer gemeinsamen Bewegung und arbeitete im Laufe des Sommers an der Gründung des Türkischen Nationalkongresses. Sein Ziel war es, eine Art Gegenstimme zur osmanischen Regierung im besetzten Istanbul zu bilden, die er für unwürdig hielt, an der Macht zu sein. Bis zum Jahresende trat der Türkische Nationalkongress zweimal zusammen, zunächst in Erzurum und dann in Sivas, wo er seine Pläne und Visionen für die Befreiung der Türkei von den Besatzern diskutierte.

Es folgten der Aufruf zu neuen Parlamentswahlen in Istanbul im Januar 1920 und die anschließende Verabschiedung des Nationalpakts, eines Dokuments, das die Forderungen der Nationalisten im Wesentlichen offiziell machte. Der Pakt forderte die Anerkennung ganz Anatoliens als osmanisches Hauptgebiet und verlangte von den Alliierten die Beendigung der Besetzung. Im April, nachdem die britischen Truppen, die Istanbul besetzt hatten, den Großwesir ersetzt hatten und versuchten, die nationalistischen, ausländerfeindlichen Bewegungen im Reich zu bekämpfen, wurde die Große Nationalversammlung in Ankara einberufen, wohin viele Politiker übergelaufen waren, um der Besetzung der Hauptstadt zu entgehen.

Die nationalistische Versammlung wählte Mustafa Kemal Pascha (der später den Beinamen Atatürk, „Vater der Türken", erhielt) zu ihrem Präsidenten. Um sich der Unterstützung der royalistischen Mehrheit in Anatolien zu versichern, erklärten sie, dass der Präsident und der Kongress im Namen des Sultans handeln würden, bis dieser von der alliierten Besatzung in Istanbul befreit sei. Zu diesem Zeitpunkt war die Große Nationalversammlung im Grunde immer noch eine Quasi-Regierungsstruktur, die sich der Zentralregierung in Istanbul widersetzte, aber es war ihr gelungen, so viele Anhänger zu gewinnen, dass sie sich den anderen großen Kräften des Reiches wirksam widersetzen konnte. Nachdem er die beiden historischen Rivalen der Osmanen – Griechenland im Westen und Armenien im Osten – zur größten Bedrohung für die Sicherheit des Staates erklärt hatte, organisierte Mustafa Kemal Pascha ein neues Armeekorps unter der Führung von Ismet Pascha und beauftragte es mit der Rückgewinnung der verlorenen Gebiete, die sich unter der Kontrolle dieser beiden Nationen befanden.

Im Oktober zogen die nationalistischen Kräfte nach Osten, eroberten die Städte Ardahan und Kars von den Armeniern und zwangen sie im Dezember zur Unterzeichnung des Vertrags von Gümrü (auch bekannt als Vertrag von Alexandropol), der die Grenzen zwischen den beiden Ländern änderte und einen Großteil der verlorenen Gebiete an die Osmanen zurückgab. Der türkische Nationalismus wurde von der neu gegründeten Sowjetunion schnell erkannt, die in die kaukasischen Staaten Georgien, Aserbaidschan und Armenien einfiel und sie annektierte. Die Sowjetunion teilte die antieuropäische Haltung der nationalistischen Bewegung und versuchte, die alliierten Streitkräfte so weit wie möglich von ihren Gebieten zu vertreiben.

So stimmte Mustafa Kemal Pascha im März 1921 der Unterzeichnung eines Freundschaftsvertrags mit der sowjetischen Regierung zu, in dem die Grenzen zwischen den beiden Staaten festgelegt wurden. Der Vertrag verschaffte Mustafa Kemal Pascha auch die dringend benötigte Unterstützung für die Fortsetzung der Kriegsanstrengungen. Es folgte die Rückeroberung der französisch besetzten Gebiete im Südosten Anatoliens in der historischen Region Kilikien. Die Franzosen, die entschlossen waren, die Kontrolle über ihre

Errungenschaften in Syrien zu erlangen und diese weiter zu besetzen, waren nicht daran interessiert, den türkischen Nationalisten Kilikien streitig zu machen, und erklärten sich im Oktober 1921 bereit, die Region aufzugeben.

Dann wandte sich Mustafa Kemal Pascha dem Westen zu, wo die osmanischen Gebiete ständig von Griechenland bedroht waren. Nachdem Griechenland die Kontrolle über die Städte Izmir und Bursa in Westanatolien erlangt hatte, war es zuversichtlich, dass es die besetzten Gebiete dauerhaft erobern konnte. Nach dem Sommer 1921 verteidigten die türkischen Nationalisten mehr als ein Jahr lang die westanatolischen Gebiete gegen die griechischen Angriffe, wobei es ihnen gelang, nicht nur die Kontrolle über Ankara zu behalten, sondern auch Bursa und Izmir zurückzugewinnen. Im September 1922 hatten die osmanischen Truppen unter Mustafa Kemal Pascha die griechischen Streitkräfte in jeder Hinsicht vernichtet und die Griechen gezwungen, ganz Anatolien zu räumen. Die Kämpfe zwischen den beiden Nationen wurden einen Monat später eingestellt, nachdem die Briten die Griechen davon überzeugt hatten, ihre Offensiven in Thrakien aufzugeben, und den Waffenstillstand von Mudanya vermittelten.

Nachdem fast ganz Anatolien durch die Bemühungen der Großen Nationalversammlung wiederhergestellt worden war, erkannten die Briten, die immer noch Istanbul besetzten, dass es an der Zeit war, die seit Kriegsende andauernden Feindseligkeiten in der Region endgültig zu beenden. So luden sie Ende Oktober Mitglieder der Zentralregierung in Istanbul zu Friedensgesprächen in die Schweizer Stadt Lausanne ein. Die Große Nationalversammlung wollte jedoch nicht zulassen, dass die Zentralregierung die Lorbeeren für die Vertreibung der Besatzer aus dem Land einheimste. Am 1. November erklärte sie, dass der Sultan in Istanbul nicht mehr das Oberhaupt der türkischen Nation sei. Stattdessen traf Ismet Pascha, der nationalistische Offizier der Großen Nationalversammlung, Ende November in Lausanne ein, um das Land zu vertreten.

Der Vertrag von Lausanne, der nach monatelangen Verhandlungen im Juli 1923 unterzeichnet wurde, wird oft als der letzte Vertrag des Ersten Weltkriegs angesehen. Er wurde fast fünf Jahre nach der Vereinbarung eines Waffenstillstands zwischen den Alliierten und den Mittelmächten unterzeichnet. In dem Dokument wurden beide Parteien gezwungen, erhebliche Zugeständnisse zu machen. Dem Dokument zufolge verzichtete die türkische Regierung auf ihre Ansprüche auf ihre ehemaligen Gebiete im Nahen Osten, die Insel Zypern und einige Inseln im Mittelmeer. Außerdem erklärte sie sich bereit, die Rechte aller Minderheiten innerhalb ihrer Grenzen anzuerkennen, unabhängig von ihrer ethnischen Zugehörigkeit und Religion, und die internationale Kontrolle über die Dardanellen und den Bosporus zu akzeptieren. Im Gegenzug behielt es die territoriale Integrität Anatoliens und die Kontrolle über Istanbul und die umliegenden südthrakischen Gebiete.

Mustafa Kemal Atatürk, Präsident der Türkischen Republik im Jahr 1932
https://commons.wikimedia.org/wiki/File:Ataturk1930s.jpg

Die türkische Delegation kehrte aus Lausanne zurück, und beide Seiten machten sich daran, die Bedingungen des Vertrags zu erfüllen. Die letzten britischen Truppen verließen Istanbul im Herbst 1923 und traten die lange Heimreise an. Die Große Nationalversammlung wandte sich daraufhin der königlichen Familie zu, die sie zu Recht beschuldigte, sich mit den Ausländern zu verschwören, um ihre Machtposition im Reich zu erhalten. Die Große Nationalversammlung forderte Sultan Abdülmecid II., der nominell seit 1922 an der Macht war, auf, das Land zu verlassen. Die Versammlung schaffte das Sultanat ab und schickte die Mitglieder der königlichen Familie ins Exil.

Im Oktober 1923 proklamierte die Große Nationalversammlung offiziell die Gründung der Republik Türkei mit Mustafa Kemal als erstem Präsidenten. Die Hauptstadt wurde von Istanbul nach Ankara verlegt. Das Jahr 1923 markierte das letzte Jahr der Existenz des Osmanischen Reiches. In den nächsten Jahrzehnten begann die türkische Regierung unter Präsident Atatürk mit dem Aufbau der neu entstandenen Republik.

Das einst mächtige Osmanische Reich wurde so nach mehr als sechshundert Jahren von einer demokratischen Republik abgelöst.

Schlussbemerkung

Die Geschichte des Osmanischen Reiches ist für den geneigten Laien als auch den professionellen Historiker ein faszinierender Gegenstand. Das Reich, das seine Wurzeln in den heiligen Kriegen der muslimischen Türken und in ihrem Streben nach Vorherrschaft in der Region hat, wurde im 16. Jahrhundert zum mächtigsten Staat Europas. Das Osmanische Reich, das sich auf dem Höhepunkt seiner Macht über ein riesiges Gebiet von Budapest über Konstantinopel, Bagdad, Jerusalem und Kairo bis nach Tunis erstreckte, ist nach wie vor eines der mächtigsten Reiche, die es im mittelalterlichen Europa je gegeben hat, und die Tatsache, dass es sich über sechshundert Jahre halten konnte, ist der Beweis dafür.

Ausgehend von einem kleinen türkischen Fürstentum im Nordwesten Anatoliens gelang es Osman und seinen Nachfolgern, ein Reich zu errichten, das seinesgleichen suchte und seine Rivalen in der ganzen Welt beherrschte. Osmans Nachfolger trugen wesentlich zum allmählichen Niedergang und schließlich zur Auflösung des Reiches im 20. Jahrhundert bei. Während die Osmanen ihre Identität durch Eroberung und Krieg festigten, vernachlässigten sie die entscheidenden Entwicklungen der frühen Neuzeit, was zu einem Mangel an Modernisierung führte und den weiteren Aufstieg des Reiches behinderte. Die osmanischen Sultane waren nicht die einzigen Herrscher, die den Schwierigkeiten zum Opfer fielen, die mit der Kontrolle eines so großen und vielfältigen Reiches verbunden sind. Die Habsburger und die Romanows - zwei Monarchien die mit den Osmanen rivalisierten - versäumten es ebenfalls, sich an die

Entwicklungen im politischen Denken und in der Kultur anzupassen, was zu ihrem ähnlichen Untergang führte.

Es ist sehr interessant, darüber nachzudenken, was passiert wäre, wenn die Osmanen anders gehandelt hätten, da sie im Vergleich zu den Europäern einen größeren Vorsprung hatten, was ihre Gesamtstärke betrifft. Das Osmanische Reich verfügte nicht nur über die größte und stärkste Armee der bekannten Welt, sondern war auch eine der technologisch, kulturell und sozial am weitesten entwickelten Gesellschaften. In den großen Städten des Reiches blühte das Leben, und Menschen unterschiedlicher Herkunft lebten nebeneinander. Ab dem 17. Jahrhundert trugen jedoch viele äußere und innere Faktoren zum Zusammenbruch des Reiches bei, nicht zuletzt die allgemeine Schwäche der Sultane des Reiches.

Dennoch sind es sowohl die Höhen als auch die Tiefen des Osmanischen Reiches, die seine Erforschung so interessant machen. Das Ziel dieses Buches war es, die wichtigste Zeitspanne von der Entstehung des Reiches aus seinen anatolischen Wurzeln bis zu seiner endgültigen Auflösung nach dem Ersten Weltkrieg darzustellen. Die Geschichte des Osmanischen Reiches bleibt aus vielen Gründen fesselnd und spannend, und das Reich hat sicherlich eines der größten Vermächtnisse hinterlassen. Es wird für immer in den Geschichtsbüchern verankert sein.

Schauen Sie sich ein weiteres Buch aus der Reihe Enthralling History an.

Literaturhinweise

1. Bloxham, D. (2003). "The Armenian Genocide of 1915-1916: Cumulative Radicalization and the Development of a Destruction Policy." Past & Present, 181, 141–191. http://www.jstor.org/stable/3600788.

2. Brown, P. M. (1924). "From Sevres to Lausanne." The American Journal of International Law, 18(1), 113–116. https://doi.org/10.2307/2189228.

3. Clot, André. (2012). *Suleiman the Magnificent.* Saqi. Retrieved October 10, 2022.

4. Der Matossian, B. (2014). *Shattered Dreams of Revolution: From Liberty to Violence in the Late Ottoman Empire.* Stanford University Press. Retrieved October 10, 2022.

5. Guilmartin, J. F. (1988). "Ideology and Conflict: The Wars of the Ottoman Empire, 1453-1606." The Journal of Interdisciplinary History, 18(4), 721–747. https://doi.org/10.2307/204822

6. Harris, J. (2010). *The End of Byzantium.* Yale University Press. https://doi.org/10.12987/9780300169669.

7. Imber, C. (2002). *The Ottoman Empire, 1300-1650: The Structure of Power.* Palgrave Macmillan.

8. Kedourie, E. (1968). "The End of the Ottoman Empire." Journal of Contemporary History, 3(4), 19–28. http://www.jstor.org/stable/259848.

9. Kia, M. (2008). *The Ottoman Empire* (Ser. Greenwood Guides to Historic Events, 1500-1900). Greenwood Press. Retrieved October 10, 2022.

10. Quataert, D. (2005). *The Ottoman Empire, 1700-1922* (2nd ed., Ser. New approaches to European History). Cambridge University Press.

11. ŞAHİN, K. (2017). "The Ottoman Empire in the Long Sixteenth Century." Renaissance Quarterly, 70(1), 220-234.

https://www.jstor.org/stable/26560197.

12. Shaw, S. Jay and Yapp, Malcolm Edward (2022, August 23). "Ottoman Empire." Encyclopedia Britannica. https://www.britannica.com/place/Ottoman-Empire.

13. "The Ottoman Empire in the Eighteenth Century." (1992). Turkish Studies Association Bulletin, 16(2), 179–216. http://www.jstor.org/stable/43385332.

14. Wajih Kawtharani. (2018). "The Ottoman Tanzimat and the Constitution." AlMuntaqa, 1(1), 51–65. https://doi.org/10.31430/almuntaqa.1.1.0051.

www.ingramcontent.com/pod-product-compliance
Lightning Source LLC
LaVergne TN
LVHW051746080426
835511LV00018B/3240